알버트 AI로봇과 함께하는
즐거운 엔트리 코딩

카드 코딩

알버트 AI로봇과 함께하는 🎵

즐거운 엔트리 코딩

카드 코딩

초판 1판 1쇄 발행 : 2020년 3월 31일

발행인 : 김길수
발행처 : ㈜영진닷컴
등 록 : 2007. 4. 27. 제16-4189호
이메일 : support@youngjin.com
주 소 : (우)08505 서울특별시 금천구 가산디지털2로 123 월드메르디앙벤처센터2차 10층 1016호 ㈜영진닷컴

ISBN   978-89-314-6120-6

독자님의 의견을 받습니다.
이 책을 구입한 독자님은 영진닷컴의 가장 중요한 비평가이자 조언가입니다. 저희 책의 장점과 문제점이 무엇인지,
어떤 책이 출판되기를 바라는지, 책을 더욱 알차게 꾸밀 수 있는 아이디어가 있으면 팩스나 이메일, 또는 우편으로
연락주시기 바랍니다. 의견을 주실 때에는 책 제목 및 독자님의 성함과 연락처(전화번호나 이메일)를 꼭 남겨 주시
기 바랍니다. 독자님의 의견에 대해 바로 답변을 드리고, 또 독자님의 의견을 다음 책에 충분히 반영하도록 늘 노
력하겠습니다.

파본이나 잘못된 도서는 구입하신 곳에서 교환해 드립니다.

STAFF
저자 홍지연 | **총괄** 김태경 | **기획** 정소현 | **디자인·편집** 김소연
영업 박준용, 임용수, 김도현 | **마케팅** 이승희, 김근주, 조민영, 이은정, 김예진 | **제작** 황장협 | **인쇄** 제이엠프린팅

알버트
AI
로봇과
함께하는

즐거운
엔트리 코딩
카드 코딩

홍지연 지음

YoungJin.com Y.
영진닷컴

로봇과 함께 사는 세상이 온다!

로봇과 함께 사는 세상은 더 이상 먼 이야기가 아닙니다. 이미 많은 공장에서 로봇은 사람을 대신해 단순 반복되는 일이나 위험하고 힘든 일을 하고 있습니다. 여기에 인공지능 기술의 발달이 더해져 사람을 대신해 감정 노동을 하거나 기사를 대신 작성해주고, 음식을 만들어주며, 행사 안내와 길 안내까지 척척 해주는 로봇들이 속속 등장하고 있습니다. 이렇게 하루가 다르게 변화하는 세상 속에서 우리 학생들이 현명하게 로봇과 함께 살아가기 위해서 세계 각국은 어떤 준비를 하고 있고, 또 우리는 어떤 준비를 해야 할까요?

미국의 경우 STEM 교육에서 로봇을 많이 활용합니다. 초등 및 중학교 단계의 수학, 과학, 영어 등 교과 학습 시간에 주제 중심의 융합 수업을 할 때 로봇을 활용함으로써 미래 사회에 대비한 교육을 해나가는 것이죠. 호주의 경우 중학교에서부터 로봇을 직접 조립하여 만들고, 프로그래밍하여 이를 제어하는 수업을 진행합니다. 이 과정에서 학생들은 팀을 만들어 협력하여 문제를 해결하는 경험을 할 뿐 아니라 공학이나 기술 분야에 대한 관심을 가지게 되는 것이죠. 영국의 경우 자폐증 및 지적 장애가 있는 학생들의 학습을 위해 로봇을 많이 활용합니다. 자폐증을 앓고 있는 아이들이 로봇과의 상호작용에 거부감을 훨씬 덜 느낀다는 점에 착안해 자폐증 진단과 치료에 로봇을 활용하는 것입니다. 우리나라의 경우 정규 교육 과정에서 볼 때 초등학교 5~6학년군에서 로봇 교육이 이루어지는데 2015 개정 교육 과정에서 SW 교육이 도입되면서 SW 교육 시간에 배운 프로그래밍 언어로 교과서 속 로봇을 제어해보는 경험을 할 수 있습니다.

하지만 이렇게 학교 수업을 통해 이루어지는 로봇 관련 교육만으로는 충분하지 않습니다. 학생들의 로봇에 대한 관심과 흥미를 교육적으로 이끌어내고, 여러 교과의 지식을 융합하여 창의적인 사고력을 바탕으로 다양한 아이디어를 만들어 이를 로봇과 접목한 교육으로 나아가기 위해서는 보다 체계적이고 충분한 학습 경험이 필요합니다. 특히 어릴 때부터 다양한 로봇을 접하고, 제어해보는 경험은 우리 학생들의 로봇을 다루는 역량을 키우는데 결정적인 역할을 할 수 있습니다. 따라서 본 책에서는 아주 쉬운 것부터 시작하도록 하였습니다. 처음 로봇을 활용한 SW 교육을 시작하는 우리 아이들을 위해, 그리고 그들을 지도하는 선생님 또는 부모님들

을 위해 카드 코딩에서 시작하여 엔트리 코딩, 스택 코딩으로 나아가도록 문제 해결 중심으로
내용을 구성하였습니다.

우리 아이들이 생각하고, 상상하는 인간으로 성장하길 기대합니다. 자기 생각과 상상을 현실
로 만들 수 있기를 희망합니다. 로봇과 더불어 살아가는 세상을 상상하고, 함께 하는 가치를
알고, 성취감을 느껴 이 사회의 변화와 혁신을 주도하는 주인공으로 성장하길, 우리의 미래를
바꿀 수 있는 새 시대의 인재가 될 것을 믿습니다. 로봇을 활용한 SW 교육의 첫걸음으로서 이
책이 그러한 학생들의 앞길에 부디 도움이 되길 기대하며...

2020년 3월

저자 **홍지연**

저자 프로필

홍지연

- 🦉 현 초등컴퓨팅교사협회 연구개발팀장
- 🦉 현 초등학교 교사
- 🦉 한국교원대학교 초등컴퓨터교육 대학원 박사 과정
- 🦉 교육부 및 과학기술정보통신부 SW 교육 강사
- 🦉 교육부 SW 교육 원격연수 강사, EBS 이솝 SW 교육 강사
- 🦉 **대표 저서 :** 즐거운 메이커 놀이활동 시리즈 1~2권
  한 권으로 배우는 초등 SW 교육
  이야기와 게임으로 배우는 스크래치
  학교 수업이 즐거운 엔트리 코딩
  WHY? 코딩 워크북 시리즈
  언플러그드 놀이책 시리즈 1~3권
  소프트웨어 수업백과
  Hello! 알버트 외

로봇과 함께 하는 SW 교육

❶ 로봇 활용 SW 교육이 무엇인가요?

IoT, 빅데이터, AI, 3D 프린팅, 로봇 등으로 대변되는 4차 산업혁명 시대가 도래하면서 로봇을 활용한 교육에 대한 관심이 뜨겁습니다. 특히 SW 교육이 초등학교에서부터 의무화되면서 "로봇을 활용한 SW 교육"에 대한 수요와 기대 역시 늘어나고 있습니다. 하지만 우리가 흔히 생각하는 로봇 교육과 로봇을 활용한 SW 교육은 엄연히 그 의미가 다릅니다. 일반적인 로봇 교육은 로봇 자체를 가르치는 것을 목적으로 합니다. 로봇의 작동 원리를 배우고 로봇을 제작해 실생활 속에서 적용함으로써 해당 로봇에 대해 하나씩 알아가는 것입니다. 이에 반해 로봇을 활용한 SW 교육은 SW 교육의 내용 요소를 로봇을 이용해 쉽고 재미있게 학습하는 것을 목적으로 합니다. 따라서 로봇 자체에 대한 학습보다 다른 교과 학습 목표를 달성하기 위하여 로봇을 수단으로 활용하게 됩니다.

이러한 의미의 로봇 활용 SW 교육은 왜 필요한 것일까요? 그 필요성은 SW 교육에서 로봇이 가지는 교육적 가치를 살펴보면 찾을 수 있습니다. 첫째, 로봇을 활용한 SW 교육을 했을 때, 설계-코딩-실행-재설계 피드백 과정이 매우 빠르게 일어납니다. 즉, 자신이 코딩한 결과물을 로봇을 통해 실세계에서 바로 확인할 수 있기 때문에 일련의 문제 해결 과정이 효율적이며 효과적으로 구현될 수 있습니다. 둘째, 알고리즘의 물리적 실행을 통한 동기 유발 및 이해 촉진에 도움이 됩니다. 학생들은 자신이 설계한 알고리즘을 눈앞의 실세계에서 실행해볼 수 있고, 무엇이 잘못되었고, 어떤 부분을 수정해야 하는지 쉽게 찾을 수 있습니다. 이러한 부분은 학생들의 학습 성취 향상은 물론 학습에 대한 이해를 촉진시켜 줍니다. 셋째, 학생들이 몰입할 수 있게 해줍니다. 움직이는 로봇은 그 자체만으로 학생들의 흥미를 자극합니다. 특히 나이가 어린 학습자일수록 로봇에 자신의 감정을 이입하기 때문에 학생들이 더욱 학습에 몰두할 수 있게 합니다. 또한, 로봇을 활용한 SW 교육의 경우 센서로부터 데이터를 수집하기 때문에 환경에 따라 그 결과가 달라질 수 있습니다. 이러한 불확실성 역시 학생들의 몰입을 촉진합니다. 이 외에도 교사와 학생 간 상호작용을 활발하게 하는 등 SW 교육에서 로봇이 가지는 가치는 매우 높다 할 수 있습니다.

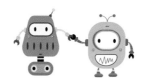

❷ 우리 아이들의 미래와 함께할 로봇과 친구가 되게 해주세요!

그렇다면 로봇을 활용한 SW 교육, 어떻게 시작하면 좋을까요? 미래 우리 학생들이 살아갈 세상은 로봇을 떼어놓고는 상상할 수 없습니다. 가정, 학교, 놀이터, 도서관 등 학생들이 생활하는 모든 시공간에서 로봇을 접하게 됩니다. 따라서 어릴 때부터 로봇을 자주 접하고, 다룰 수 있는 경험을 제공하는 것이 좋습니다. 따라서 처음 로봇을 활용한 SW 교육을 시작하는 단계에서는 학습이 아닌 놀이로서 충분히 로봇을 탐색할 수 있도록 해주세요. 본 교재에 제시된 알버트 로봇의 경우 프로그래밍 언어를 알지 못해도 카드 또는 재미있는 앱만으로도 로봇을 제어할 수 있기 때문에 놀이로서의 접근이 가능합니다.

충분한 탐색 단계가 지나고 나면 학생들은 단순히 로봇을 가지고 노는 것에 만족하지 않고 더 많은 것을 하고 싶어 합니다. 그때 해당 로봇이 작동 원리를 함께 알아보고 로봇의 센서가 어떤 역할을 하는지, 어떻게 활용할 수 있을지 생각해보도록 할 수 있습니다. 특히 로봇에 사용되는 센서와 인체 구조를 비교하여 학생들이 이해할 수 있도록 함으로써 로봇의 무한한 가능성을 알도록 합니다. 이렇게 본격적으로 해당 로봇을 활용한 다양한 문제를 경험하기 위해서는 잘 만들어진 교재나 교육용 콘텐츠가 필요합니다. 본 교재에서는 카드를 통해 알버트를 제어할 수 있는 언플러그드형 SW 교육 콘텐츠는 물론 교육용 프로그래밍 언어인 엔트리를 통해 알버트 로봇을 제어해 로봇을 활용한 SW 놀이를 경험할 수 있도록 구성되어 있습니다. 또한, 컴퓨터 사용이 어려운 학생들을 위해 스마트패드나 스마트폰의 앱을 활용해 알버트 로봇을 제어할 수 있도록 안내하고, 알버트 AI로봇이 가진 최신 기능들을 활용하고 있습니다. 각 챕터에서 제공하고 있는 다양한 문제 상황을 알버트 로봇과 함께 해결해가다 보면 어느새 로봇과 친구가 되어있는 학생들의 모습을 볼 수 있을 겁니다.

❸ 로봇 활용 SW 교육을 위한 환경을 제공해주세요!

학습에 있어서 환경적인 요소는 매우 중요한 부분입니다. 로봇을 활용한 SW 교육이 성공적으로 이루어지기 위해서는 해당 로봇과 학생이 만나는 빈도를 높여야 합니다. 정해진 시간에 정해진 시간만큼만 활용하기보다는 일상생활 속에 로봇이 한 부분이 될 수 있도록 환경을 구성해주는 것이 좋습니다. 학교라면, 학생의 손이 닿는 곳에 언제나 로봇을 꺼내서 활용할 수 있도록 하되 로봇 체험실처럼 언제든 문제를 해결할 수 있는 공간이 마련되어 학생들이 로봇을 접하는 시간적, 공간적 제약을 최소화하도록 합니다.

가정에서도 마찬가지입니다. 자녀가 언제든 로봇을 꺼내 탐색하고, 다양한 문제를 스스로 내고 해결해볼 수 있는 환경 구성을 통해 나중에는 부모님의 도움 없이도 자기 주도적 로봇 활용 SW 교육을 끌어갈 수 있도록 해야 합니다. 또한, 로봇만 있는 것이 아니라 종이상자, 수수깡, 레고 블록 등 로봇을 활용해 다양한 미션 상황을 구성하고, 프로젝트를 통해 문제를 해결해보는 경험으로 이끌 수 있는 실생활 속 재료들도 상시 구비하는 것이 좋습니다. 이러한 보조 재료들은 학생들의 상상력을 이끌고, 문제를 해결해가는 과정에 더욱 몰입할 수 있도록 하는데 중요한 역할을 합니다.

❹ 이것만은 주의해주세요!

처음 로봇을 만났을 때 우리 학생들은 매우 큰 흥미를 가지고 접근합니다. 하지만 이것으로 충분하지 않습니다. 학생들의 학습 동기가 지속적으로 유지되기 위해서는 적절한 시기에 적절한 자료들을 제공함으로써 학생들이 끊임없이 로봇을 활용한 SW 교육에 몰입되도록 도와줘야 합니다. '로봇만 던져주고 알아서 하겠지'라는 식의 무책임한 행동은 스스로 로봇을 가지고 할 수 있는 것이 많지 않음에 대한 실망과 좌절만 안겨주게 되어 오히려 로봇에 대한 흥미를 반감시킬 수 있습니다. 따라서 스스로 로봇 활용 SW 교육을 이끌어 갈 수 있는 힘이 생기기 전까지는 선생님 또는 부모님의 적절한 도움이 필요합니다.

또한, 처음 로봇을 주거나 학습을 시작할 때 로봇을 보관하고, 관리하는 방법을 함께 알아봅니다. 로봇은 기계이기 때문에 다룰 때 주의해야 할 점들이 있습니다. 이를 학생이 스스로 인지하고 관리하도록 하여 고장을 막고, 오래 사용할 수 있는 습관을 갖도록 해주세요. 특히 학교나 기관에서 사용할 때 여러 명의 학생이 로봇을 다루게 되면, 자신의 것이 아니라는 생각에 함부로 할 수 있습니다. 학생 스스로 주인 의식을 가지고 로봇을 관리할 수 있도록 처음 로봇을 활용한 학습을 시작할 때 사전 교육을 철저하게 해주세요.

⑤ 혼자서도 할 수 있는 로봇 활용 SW 교육 정보

에드위드 https://www.edwith.org

커넥트 재단에서 운영하는 무료 교육용 플랫폼으로 소프트웨어 코딩의 기초 개념부터 인공지능 강좌, 우주 대학 강좌 등 언제 어디서나 누구든지 원하는 교육을 받을 수 있는 MOOC(Massive Open Online Course) 서비스를 제공하고 있습니다. 〈거꾸로 교실, 학생들을 위한 피지컬 컴퓨팅 기초〉 강좌에서 알버트 로봇과 관련된 영상 강의를 무료로 학습할 수 있습니다.

EBS 이솝 https://www.ebssw.kr

이솝은 EBS 소프트웨어 교육 플랫폼으로 수준별 맞춤형 자기주도 학습을 할 수 있도록 지원하는 전 국민 무료 SW 교육 온라인 플랫폼입니다. 〈영어&코딩, 알버트의 미션임파서블〉 강좌에서 알버트 로봇과 관련된 영상 강의를 무료로 학습할 수 있습니다.

초등컴퓨팅교사협회 http://hicomputing.org/

전국의 초등학교 교사들이 만든 비영리법인으로서 다양한 SW 교육 자료들을 무료로 제공하고 있습니다. 교사, 일반인, 학부모 등을 위한 다양한 SW 교육 교재나 가이드, 활동지, PPT 등을 제공하고 있어 SW 교육 시 활용할 수 있으며 특히 알버트 로봇뿐 아니라 다양한 로봇 활용 SW 교육 자료들을 열람할 수 있습니다.

목차

내 친구 알버트!

5세 이상

로봇을 좋아하나요? 알버트 로봇은 여러분들이 명령을 직접 내려 움직일 수 있는 아주 똑똑한 스마트 코딩 로봇이에요. 스마트폰이나 컴퓨터가 없어도 카드만으로 움직일 수도 있고, 스마트폰이나 컴퓨터에 연결하여 더욱더 재미있는 활동을 할 수도 있지요. 자, 그럼 내 친구 알버트 로봇을 만나러 떠나볼까요?

로봇과 카드 코딩을 해요!

🦉 **목표**
알버트 로봇에 대해 알기

🦉 **준비물**
알버트 AI로봇 또는
UO 알버트 로봇, 코딩 카드

🦉 **주의사항**
알버트 로봇 바닥에 떨어트리지 않기

🦉 **연관 교육과정**
실과 [6실05-06] 생활 속에서 로봇 활용 사례를 통해 작동 원리와 활용 분야를 이해한다.

이 놀이는

알버트 로봇이 어떤 로봇이며, 무엇을 잘할 수 있는 로봇인지를 알아보는 활동이에요. 알버트 로봇 각 부분의 이름이나 역할 등을 알아보면서 앞으로 어떤 활동을 하게 될지 생각해볼 수 있어요.

① 알버트 AI로봇 또는 UO 알버트 로봇, 액세서리 및 거치대, 알버트 동글, 코딩 카드, 밀대 등 기본 구성품을 준비합니다.

   * 어디서 구입했느냐에 따라 기본 구성품이 조금씩 다를 수 있습니다.

② 알버트 로봇의 앞모습입니다. 눈동자 LED, 휴대폰 거치대(위·아래), 오른쪽·왼쪽 근접 센서, 배터리 잔량 표시등, 충전·블루투스 표시등, 카드 읽기 지시등 등으로 구성되어 있습니다.

앞모습

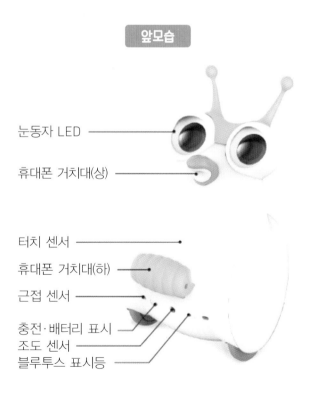

눈동자 LED

휴대폰 거치대(상)

터치 센서

휴대폰 거치대(하)

근접 센서

충전·배터리 표시

조도 센서

블루투스 표시등

❸ 알버트 로봇의 뒷모습과 아래 모습입니다. 뒤에는 전원 스위치와 USB 충전 단자가 있고, 아래에는 바퀴, OID 센서, 스피커 등이 있습니다. OID 센서로 코딩 카드 속에 들어 있는 명령을 읽을 수 있습니다.

뒷모습

전원 스위치
USB 충전 단자

아래 모습

● **OID 센서**
최대 64,000가지 각기 다른 코드를 인식할 수 있는 센서를 이용해서 종이 카드로 코딩을 할 수 있어요.

❹ 알버트 로봇의 뒤쪽 전원 버튼을 이용하여 전원을 켜고 끌 수 있습니다. 알버트를 켜면 알버트 눈이 빨주노초파남보 무지개 색깔로 바뀝니다. 그리고 '디비디비딥'과 같은 소리를 내면서 좌우로 90도 움직입니다.

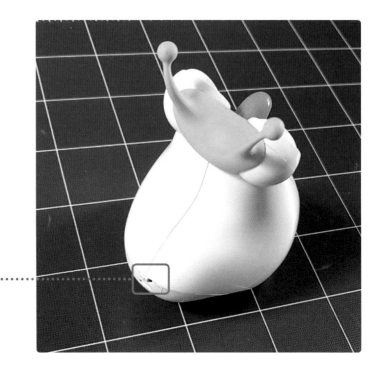

전원 스위치

⑤ 거치대를 설치한 모습입니다. 거치대를 알버트 배 부위에 장착하고, 코와 아래 거치대 부분을 위아래로 벌려 스마트폰을 끼워 세울 수 있습니다.

⑥ 블루투스 연결이 대기 중인 경우 블루투스 표시등이 계속 켜져 있습니다. 블루투스가 이미 연결된 경우 블루투스 표시등이 빠르게 꺼졌다 켜집니다.

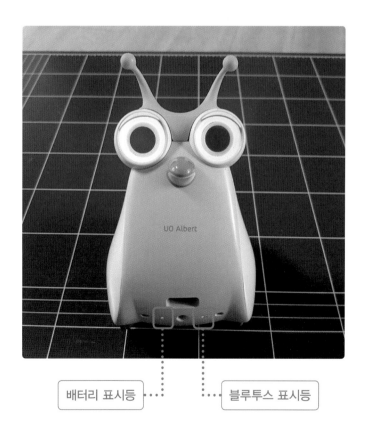

배터리 표시등 ⋯⋯⋯⋯⋯⋯ 블루투스 표시등

알버트 카드 살펴보기 ❶

알버트 로봇은 스마트폰이나 컴퓨터 연결 없이 코딩 카드만 있어도 움직일 수 있습니다. 다음 코딩 카드의 구성을 살펴보고, 카드를 알버트 로봇 아래로 입력해 어떤 카드인지 생각해봅시다. 코딩 카드의 세트 1과 2는 카드 구성에 약간의 차이가 있습니다.

코딩 카드 세트 1

코딩 카드 세트 2

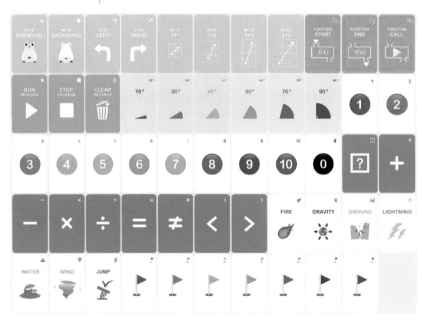

코딩 카드 중 프로그램의 시작과 끝, 함수와 관련된 카드입니다. 필요한 카드들을 선택하여 알버트 로봇에 입력한 뒤 프로그램을 실행하거나 멈출 때 또는 삭제할 때 사용할 수 있습니다. 또한, 여러 장의 카드를 한 장의 카드로 묶어 필요할 때마다 불러내서 사용하는 함수와 관련된 카드들이 있습니다. 앞으로 이 책에서 실시할 다양한 미션 활동을 통해 여러 가지 코딩 카드를 경험해 보도록 하세요.

코딩 카드를 처음부터 실행합니다. 다른 카드들이 입력되지 않는 경우 효과가 없습니다.

실행 중인 코딩 카드를 즉시 정지할 때 사용합니다. 코딩 카드가 실행 중이 아닐 경우 효과가 없습니다.

입력된 카드를 모두 삭제할 때 사용합니다. 입력된 카드가 없는 경우 효과가 없습니다.

여러 장의 카드를 한 장으로 묶을 때 사용하는 함수 카드로 여러 장의 카드가 시작되기 전에 사용합니다.

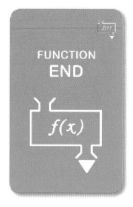
여러 장의 카드를 한 장으로 묶을 때 사용하는 함수 카드로 여러 장의 카드가 끝나는 부분에 사용합니다.

여러 장의 카드를 한 장으로 묶은 것을 불러서 사용할 때 필요한 함수 호출 카드입니다.

SECTION 02

과일 가게로 가요!

5세 이상

시원한 과일 음료를 마신 적이 있나요? 알버트 로봇이 과일 가게에 들러 시원한 과일 음료를 먹으려 해요. 이 미션을 해결하려면 여러분이 어떻게 도와줘야 할까요? 카드로 코드 명령을 작성해 해결해봅시다.

로봇과 카드 코딩을 해요!

🦉 **목표**

알버트 로봇으로 과일 가게 가기 미션 해결하기

🦉 **준비물**

알버트 AI로봇 또는 UO 알버트 로봇, 코딩 카드, 과일 가게 맵(부록)

🦉 **주의사항**

카드를 색깔별로 잘 정리하기

🦉 **연관 교육과정**

실과 [6실05-06] 생활 속에서 로봇 활용 사례를 통해 작동 원리와 활용 분야를 이해한다. [6실04-11] 문제를 해결하는 프로그램을 만드는 과정에서 순차, 선택, 반복 등의 구조를 이해한다.

이 놀이는

알버트 로봇이 과일 가게까지 찾아가는 미션을 해결할 수 있도록 여러분이 직접 카드 코딩을 해보는 놀이예요. 과일 가게까지 잘 찾아가기 위해서 알버트가 어떻게 움직여야 하는지 생각해보고, 필요한 카드를 찾아 순서대로 입력하며 '순차' 구조에 대해 알 수 있어요.

❶ 알버트 AI로봇 또는 UO 알버트 로봇, 코딩 카드, 과일 가게 맵(부록)을 준비합니다.

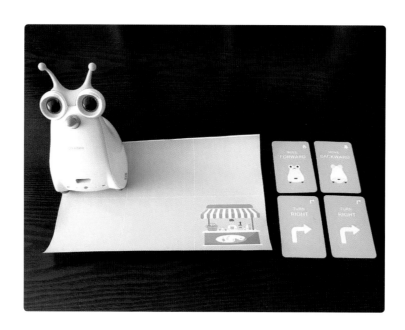

❷ 과일 가게 맵 1을 오려 미션을 해결할 준비를 합니다.

③ 미션 지도 위에 시작 지점에서 과일 가게까지 알버트의 이동 경로를 표시합니다.

* 위의 경로는 예시입니다. 다른 경로를 그려줘도 좋습니다.

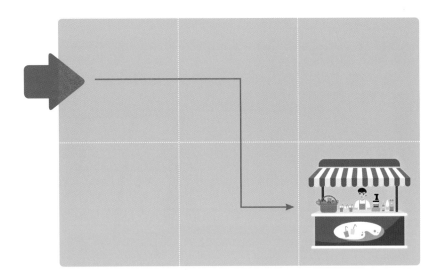

④ 이동 경로를 보면서 필요한 카드를 찾아 바닥에 놓습니다.

* 위에 그려진 경로에 따라 필요한 카드를 선택한 것입니다. 경로가 다르다면, 선택하는 카드의 종류와 놓는 순서가
달라질 수 있습니다.

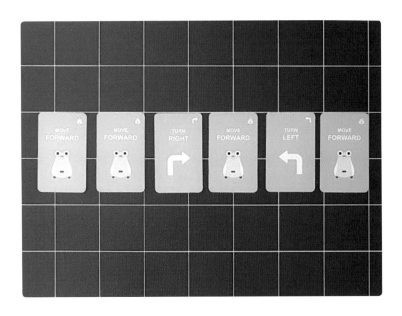

5 카드를 순서대로 알버트에 입력합니다.

6 카드 입력이 끝나면 과일 가게 맵 위에 알버트를 올려놓고, 알버트 몸체에 있는 터치 센서를 누릅니다. 알버트가 과일 가게까지 찾아가는 미션을 잘 해결하는지 살펴보세요.

알버트 카드 살펴보기 ❷

알버트가 앞으로
1칸 이동합니다.

- 일반 모드 : 3cm
- 보드 모드 : 10cm

알버트가 뒤로
1칸 이동합니다.

- 일반 모드 : 3cm
- 보드 모드 : 10cm

알버트가 제자리에서
왼쪽으로 90도
회전합니다.

알버트가 제자리에서
오른쪽으로 90도
회전합니다.

알버트가 다음과 같이
이동합니다.

- 왼쪽으로 45도 회전
- 앞으로 14.1cm 이동
- 오른쪽으로 45도 회전

알버트가 다음과 같이
이동합니다.

- 왼쪽으로 63.5도 회전
- 앞으로 22.4cm 이동
- 오른쪽으로 63.5도 회전

알버트가 다음과 같이
이동합니다.

- 왼쪽으로 71.6도 회전
- 앞으로 36.1cm 이동
- 오른쪽으로 71.6도 회전

알버트가 다음과 같이
이동합니다.

- 왼쪽으로 56.4도 회전
- 앞으로 36.1cm 이동
- 오른쪽으로 56.4도 회전

알버트가 1초 동안 정지한
후 다음 행동을 실행합니다.

알버트가 일단 정지한 후
사용자가 전방 센서를
손으로 막을 때 다음
행동을 실행합니다.

5세 이상

심부름을 해요!

심부름을 해본 적이 있나요? 알버트 로봇이 과일 가게와 피자 가게를 차례대로 들려 심부름을 하고, 집으로 돌아오는 미션을 해결하려면 여러분이 어떻게 도와줘야 할까요? 카드로 코드 명령을 작성해 해결해봅시다.

로봇과 카드 코딩을 해요!

🦉 목표
알버트 로봇으로 심부름 미션 해결하기

🦉 준비물
알버트 AI로봇 또는 UO 알버트 로봇, 코딩 카드, 과일 가게 맵(부록), 심부름 맵(부록)

🦉 주의사항
2장의 맵 연결 시 잘 이어지도록 하기

🦉 연관 교육과정
실과 [6실05-06] 생활 속에서 로봇 활용 사례를 통해 작동 원리와 활용 분야를 이해한다.
[6실04-11] 문제를 해결하는 프로그램을 만드는 과정에서 순차, 선택, 반복 등의 구조를 이해한다.

이 놀이는

알버트 로봇이 심부름 미션을 해결할 수 있도록 여러분이 직접 카드 코딩을 해보는 놀이예요. 과일 가게와 피자 가게를 순서대로 들러 심부름을 하고, 다시 집까지 잘 찾아가기 위해서 알버트가 어떻게 움직여야 하는지 생각해보고, 필요한 카드를 찾아 순서대로 입력하며 '순차' 구조에 대해 알 수 있어요.

❶ 알버트 AI로봇 또는 UO 알버트 로봇, 코딩
  카드, 과일 가게 맵(부록), 심부름 맵(부록)
  을 준비합니다.

❷ 과일 가게 맵 2와 심부름 맵을 오려 세로로
  연결하고, 미션을 해결할 준비를 합니다.

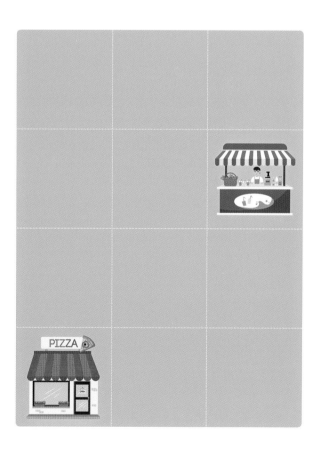

3 미션 지도 위에 시작 지점에서 과일 가게와 피자 가게를 차례로 들러 다시 시작 지점까지 알버트가 올 수 있도록 이동 경로를 표시합니다.

* 위의 경로는 예시입니다. 다른 경로를 그려줘도 좋습니다.

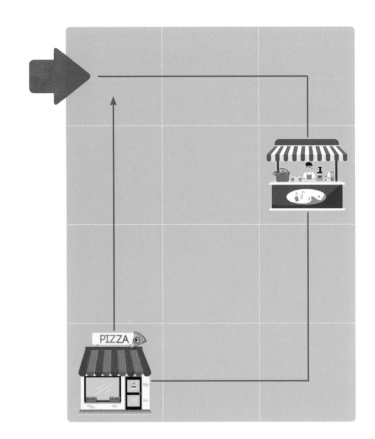

4 이동 경로를 보면서 필요한 카드를 찾아 바닥에 놓습니다.

* 위에 그려진 경로에 따라 필요한 카드를 선택한 것입니다. 경로가 다르다면, 선택하는 카드의 종류와 놓는 순서가 달라질 수 있습니다.

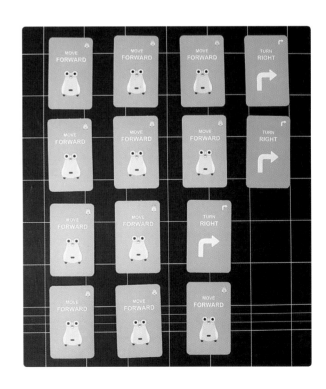

5 카드를 순서대로 알버트에 입력합니다.

6 카드 입력이 끝나면 맵 위에 알버트를 올려놓고, 알버트 몸체에 있는 터치 센서를 누릅니다. 알버트가 심부름 미션을 잘 해결하는지 살펴보세요.

알버트 사용 방법

알버트를 사용하는 방법은 크게 5가지입니다.

방법 하나. 셀프 코딩

섹션 2와 3처럼 스마트폰이나 컴퓨터 연결 없이 알버트와 코딩 카드만으로 움직일 수 있습니다. 알버트 전원을 켠 후 카드를 아래와 같이 넣으면 셀프 코딩 기능을 시작합니다.

- 카드를 알버트 몸체 아래에 밀어 넣으면 입력
- 터치 센서를 짧게 터치 시 실행 또는 정지
- 터치 센서를 오래 누르면 메모리 삭제
- 근접 센서 앞에서 손을 좌우로 움직이면 90도, 180도, 270도, 360도만큼 좌측 또는 우측으로 움직임

방법 둘. 알버트와 앱 이용하기

안드로이드 스마트폰을 알버트와 연결하면 알버트를 움직일 수 있습니다. 가지고 있는 로봇이 UO 알버트 로봇이라면 [알버트 BLE 론처] 앱을 사용합니다. 섹션 6부터는 [알버트 BLE 론처] 앱을 사용해 미션을 해결할 수 있습니다.

- 플레이 스토어에서 [알버트 BLE 론처] 앱 설치하기
- 플레이 스토어에서 [카드 코딩] 앱 설치하기
- 앱을 실행하고, 알버트와 연결하기

만약 가지고 있는 로봇이 알버트 AI로봇이라면 플레이 스토어에서 [알버트 AI]를 검색해 앱을 설치합니다.

- 플레이 스토어에서 [알버트 AI 컨트롤러], [알버트 AI 카드 코딩], [알버트 AI 카드 코딩 미션] 등의 앱을 설치합니다.

여기서 잠깐! 알버트 AI로봇은 UO 알버트 로봇에 AI 기능이 더해진 것이므로 알버트 AI로봇을 가지고 있다면 UO 알버트 로봇이 할 수 있는 모든 기능을 할 수 있어요!

방법 셋. 알버트와 컴퓨터 연결하기

알버트 USB 동글을 이용해서 컴퓨터와 연결해 코딩 프로그램인 엔트리나 스크래치로 명령을 내려 알버트를 움직일 수 있습니다. 섹션 11부터는 엔트리 프로그램으로 미션을 해결합니다.

- 컴퓨터에 USB 동글 연결하기
- 알버트와 컴퓨터를 연결하기
- 엔트리 또는 스크래치 프로그램에서 하드웨어 연결하기
* 자세한 내용은 미션 활동을 통해 확인합니다.

이미지 출처
https://www.nugu.co.kr/device/nugu_albert/

방법 넷. NUGU 모드 사용하기

알버트 AI로봇을 가지고 있다면 음성 명령으로 NUGU 서비스(날씨, 시간, 음악 재생 등)를 이용하거나 알버트를 제어할 수 있습니다.

- 플레이 스토어에서 [NUGU] 앱 설치하기
- 알버트의 전면부에 있는 [+], [−] 버튼을 동시에 3초 이상 누르거나 'NUGU 연결하기' 카드를 인식 센서 밑에 넣어 누구 모드를 사용할 수 있는 상태로 만들기
- 설치한 [NUGU] 앱을 실행해 스마트폰에서 [NUGU] 앱의 접근 권한(마이크/위치/사진)을 허용하기
- 알버트 AI로봇의 음성 인식을 통해 음악을 듣거나 필요한 정보 얻기 : 알버트를 불러서 원하는 명령어 말하기

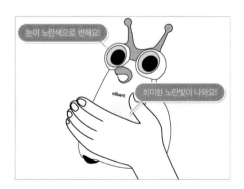

이미지 출처
http://www.dazzleedu.com/shop/goods/goods_view.php?goodsno=271&category=013

방법 다섯. 따라오기 모드

알버트 AI로봇 또는 UO 알버트 로봇 등의 로봇 전원을 켜 부팅을 완료한 후 알버트 전면부로부터 5cm 떨어진 위치에 손이나 물체를 5초간 두면 삐삐삐 소리와 함께 노란 불빛이 들어오며 따라오기 모드로 변합니다.

- 따라오기 모드에서는 알버트가 손이나 물체의 움직임을 따라 움직임
- 근접 센서 2개를 동시에 가려야 실행되며 너무 가까운 위치에서는 정상적으로 동작하지 않을 수 있음

놀이터에 가요!

5세 이상

놀이터에서 신나게 놀아 본 적이 있죠? 알버트 로봇은 처음 놀이터에 놀러 갔어요. 재미있는 놀이기구들을 모두 다 타고 싶다고 하는데, 이 미션을 해결하려면 여러분이 어떻게 도와줘야 할까요? 반복 카드로 코드 명령을 작성해 해결해봅시다.

로봇과 카드 코딩을 해요!

🦉 목표
알버트 로봇으로 놀이터 미션 해결하기

🦉 준비물
알버트 AI로봇 또는 UO 알버트 로봇, 코딩 카드, 놀이터 맵(부록)

🦉 주의사항
Clear Program 카드를 사용해 앞에 입력된 명령 삭제하기

🦉 연관 교육과정
실과 [6실05-06] 생활 속에서 로봇 활용 사례를 통해 작동 원리와 활용 분야를 이해한다.
[6실04-11] 문제를 해결하는 프로그램을 만드는 과정에서 순차, 선택, 반복 등의 구조를 이해한다.

이 놀이는

알버트 로봇이 놀이터 미션을 해결할 수 있도록 여러분이 직접 카드 코딩을 해보는 놀이예요. 놀이터에 있는 모든 놀이기구를 타되, 반복 카드를 이용해 순서대로 여러 번 반복해서 탈 수 있도록 하려면 알버트가 어떻게 움직여야 하는지 생각해보고, 필요한 카드를 찾아 입력하며 '반복' 구조에 대해 알 수 있어요.

① 알버트 AI로봇 또는 UO 알버트 로봇, 코딩 카드, 놀이터 맵(부록)을 준비합 니다.

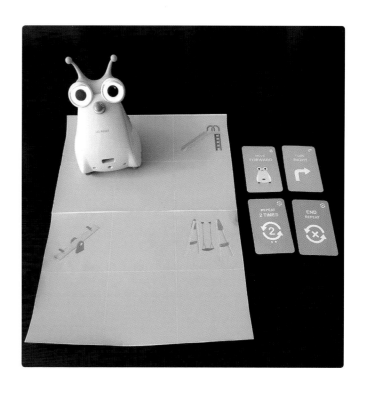

② 놀이터 맵 1과 2를 연결하고, 미션을 해결할 준비를 합니다.

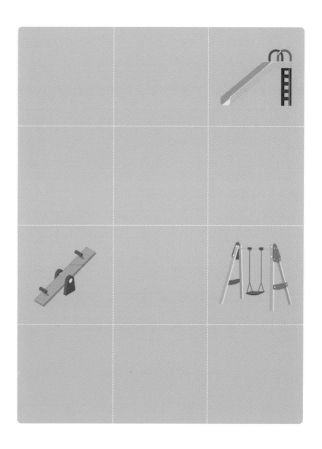

③ 미션 지도 위에 시작 지점에서 출발해
미끄럼틀, 그네, 시소를 차례대로 한 번
씩 타는 것을 2번 반복하도록 이동 경
로를 표시합니다.

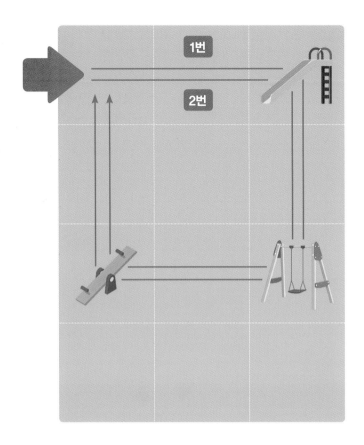

④ 이동 경로를 보면서 필요한 카드를 찾
아 바닥에 놓습니다.

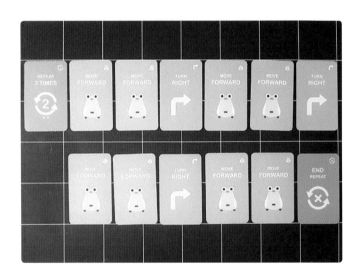

⑤ 카드를 순서대로 알버트에 입력합니다.

⑥ 카드 입력이 끝나면 맵 위에 알버트를 올려놓고, 알버트 몸체에 있는 터치 센서를 누릅니다. 알버트가 놀이터 미션을 잘 해결하는지 살펴보세요.

2번 반복되는 부분 속에서 〈앞으로 한 칸 이동 – 앞으로 한 칸 이동 – 오른쪽으로 돌기〉가 3번 반복되고, 앞으로 한 칸 이동이 2번 더 옵니다. 따라서 이를 **〈앞으로 한 칸 이동 – 앞으로 한 칸 이동 – 오른쪽으로 돌기〉를 4번 반복하는 것으로 묶어서** 미션을 해결해 줄 수 있어요. 오른쪽 돌기가 한 번 더 추가되기는 하지만 미션 해결에 지장이 되지 않기 때문에 이렇게 표현할 수 있어요.

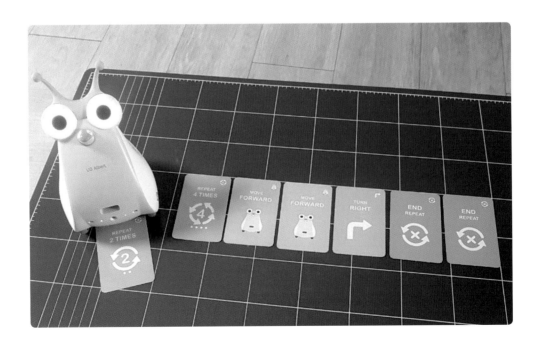

알버트 카드 살펴보기 : 반복 카드

알버트가 반복 끝(END REPEAT) 카드 사이에 있는 카드를 2회 반복하여 실행합니다.

알버트가 반복 끝(END REPEAT) 카드 사이에 있는 카드를 3회 반복하여 실행합니다.

알버트가 반복 끝(END REPEAT) 카드 사이에 있는 카드를 4회 반복하여 실행합니다.

알버트가 반복 끝(END REPEAT) 카드 사이에 있는 카드를 무한 반복하여 실행합니다.

알버트가 반복 끝(END REPEAT) 카드 사이에 있는 카드를 사용자가 전방 센서로 손으로 막을 때까지 무한 반복하여 실행합니다.

반복 카드와 함께 사용되어 반복 구간을 알려 줍니다.

알버트 카드 사용 방법 익히기 : 반복 카드

반복 카드를 사용할 때는 반드시 반복 ∼번(REPEAT ∼TIMES) 카드와 반복 끝(END REPEAT) 카드를 사용해야 합니다. 반복하기를 원하는 카드는 이 두 카드 사이에 넣으면 되는 것이죠. 아래 그림의 예시처럼 앞으로 한 칸 이동, 앞으로 한 칸 이동, 오른쪽으로 회전 카드를 반복 4번 카드와 반복 끝 카드 사이에 넣으면 앞으로 한 칸 이동, 앞으로 한 칸 이동, 오른쪽으로 회전을 4번 반복하게 됩니다. 똑같은 움직임을 주어야 하는 곳에 사용하면 여러 장의 카드를 사용할 필요가 없어 편리합니다.

반짝반짝! 빛이 나요!

5세 이상

알버트 로봇의 큰 눈에서 빛이 난다는 사실을 알고 있나요? 색깔 길을 따라 움직일 때마다 반짝반짝 빛을 내려면 여러분이 어떻게 도와줘야 할까요? 소리 카드와 LED 카드로 코드 명령을 작성해 해결해봅시다.

로봇과 카드 코딩을 해요!

목표
알버트 로봇으로 빛내기
미션 해결하기

준비물
알버트 AI로봇 또는
UO 알버트 로봇, 코딩 카드,
빛내기 맵(부록)

주의사항
2장의 맵 연결 시 잘 이어지도록 하기

연관 교육과정
실과 [6실05-06] 생활 속에서 로봇 활용 사례를 통해 작동 원리와 활용 분야를 이해한다.
[6실04-11] 문제를 해결하는 프로그램을 만드는 과정에서 순차, 선택, 반복 등의 구조를 이해한다.

이 놀이는

알버트 로봇이 빛내기 미션을 해결할 수 있도록 여러분이 직접 카드 코딩을 해보는 놀이예요. 맵에 있는 색깔에 따라 해당하는 색깔의 LED를 켜며 움직일 수 있도록 하려면 알버트가 어떻게 움직여야 하는지 생각해보고, 필요한 카드를 찾아 입력하며 '선택' 구조에 대해 알 수 있어요.

❶ 알버트 AI로봇 또는 UO 알버트 로봇, 코딩 카드, 빛내기 맵(부록)을 준비합니다.

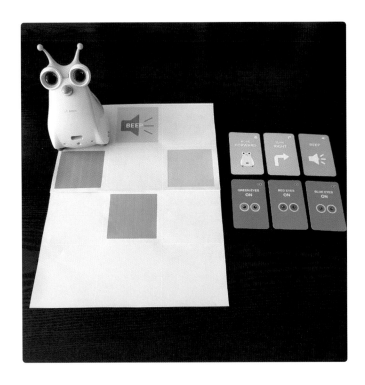

❷ 빛내기 맵 1과 2를 연결하고, 미션을 해결할 준비를 합니다.

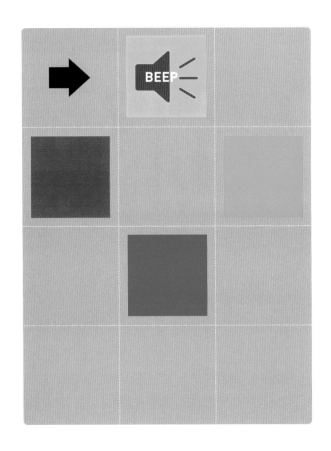

3 미션 지도 위에 시작 지점에서 출발해 색깔 신호나 소리 신호 모두 지날 수 있도록 이동 경로를 표시합니다. 알버트는 해당하는 색깔 신호나 소리 신호를 지날 때 해당하는 색깔의 빛을 내거나 소리를 내야 합니다.

* 위의 경로는 예시입니다. 다른 경로를 그려도 좋습니다.

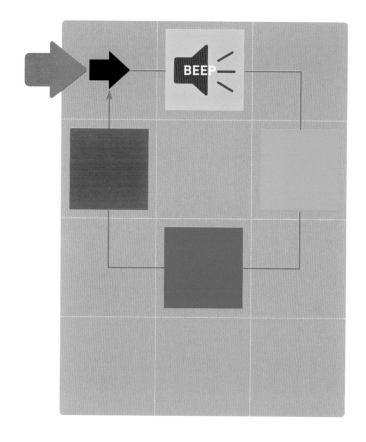

4 이동 경로를 보면서 필요한 카드를 찾아 바닥에 놓습니다.

* 위에 그려진 경로에 따라 필요한 카드를 선택한 것입니다. 경로가 다르다면, 선택하는 카드의 종류와 놓는 순서가 달라질 수 있습니다.

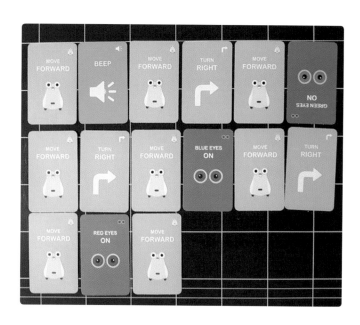

5 카드를 순서대로 알버트에 입력합니다.

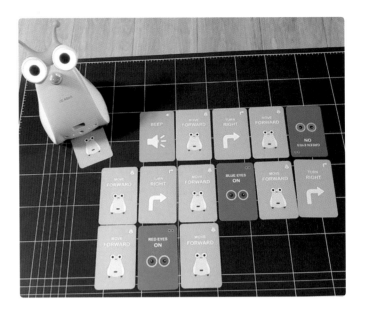

6 카드 입력이 끝나면 맵 위에 알버트를 올려놓고, 알버트 몸체에 있는 터치 센서를 누릅니다. 알버트가 빛내기 미션을 잘 해결하는지 살펴보세요.

알버트 카드 살펴보기 : LED 카드

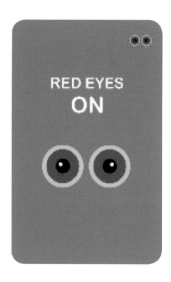

알버트가 눈 색깔을 빨간색으로 변화시킵니다.

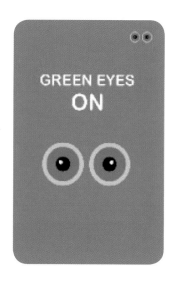

알버트가 눈 색깔을 초록색으로 변화시킵니다.

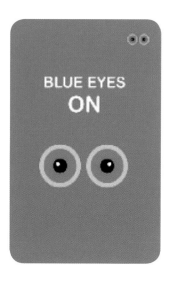

알버트가 눈 색깔을 파란색으로 변화시킵니다.

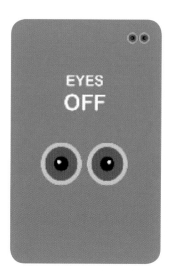

알버트가 눈 색깔을 끕니다.

알버트가 삐 소리를 1회 재생합니다.

알버트가 빨간색 SAY 카드에 지정된
소리를 재생합니다.

알버트가 초록색 SAY 카드에 지정된
소리를 재생합니다.

알버트가 파란색 SAY 카드에 지정된
소리를 재생합니다.

앱 카드 코딩을 준비해요!

이전까지 코딩 카드만으로 알버트 로봇을 움직였다면 지금부터는 스마트폰에 앱을 설치해 앱으로 알버트 로봇을 움직이려고 합니다. 먼저 알버트 로봇을 움직이는데 필요한 앱을 설치해야겠죠? 하나씩 따라하며 앱 카드 코딩을 준비해봅시다.

로봇과 카드 코딩을 해요!

🦉 목표

앱 카드 코딩에 필요한 앱을 설치하고, 사용 방법 알기

🦉 준비물

알버트 AI로봇 또는
UO 알버트 로봇,
스마트폰(스마트패드)

🦉 주의사항

스마트폰(스마트패드) 오래 사용하지 않기

🦉 연관 교육과정

실과 [6실04-07] 소프트웨어가 적용된 사례를 찾아보고 우리 생활에 미치는 영향을 이해한다.
[6실05-06] 생활 속에서 로봇 활용 사례를 통해 작동 원리와 활용 분야를 이해한다.

이 놀이는

알버트 로봇을 앱으로 움직이기 위해 필요한 앱을 설치하고, 사용 방법을 익히는 활동이에요. 앱을 직접 설치하고 연결하는 방법을 알아보면서 앞으로 어떤 활동을 하게 될지 생각해볼 수 있어요.

안드로이드 앱과 콘텐츠 앱을 설치해요!

UO 알버트 로봇을 사용하는 경우

1 스마트폰(스마트패드)의 플레이 스토어에서 [UO 알버트] 또는 [알버트 BLE 론처]를 검색합니다.

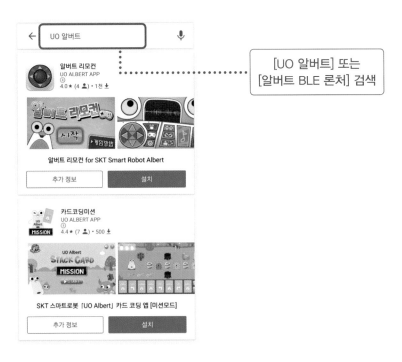

[UO 알버트] 또는
[알버트 BLE 론처] 검색

2 [알버트 BLE 론처] 앱을 다운 받아 설치합니다.

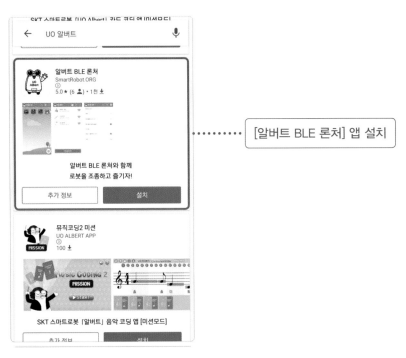

[알버트 BLE 론처] 앱 설치

❸ 설치된 [알버트 BLE 론처] 앱에 들어가면 콘텐츠 앱을 다운로드할 수 있는 마켓이 있습니다.

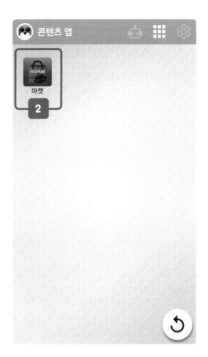

❹ 마켓에서 UO 알버트의 콘텐츠 앱인 [카드 코딩]을 다운로드하여 설치합니다. 설치된 [카드 코딩] 앱을 실행합니다.

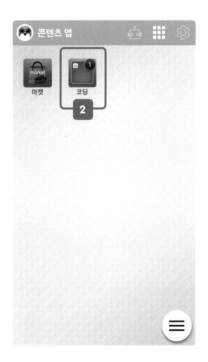

⑤ [카드 코딩] 앱이 시작된 화면입니다. [START(시작)] 버튼을 누르고 들어가면 됩니다.

알버트 AI로봇을 사용하는 경우

① 스마트폰(스마트패드)의 플레이 스토어에서 [알버트 AI 카드 코딩]을 검색하여 설치하고 바탕화면에 생성된 아이콘을 눌러 실행합니다.

[알버트 AI카드]
검색

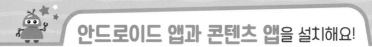

❷ [카드 코딩] 앱에서 스마트폰(스마트패드)의 사진, 미디어, 파일에 접근하는 것을 허용합니다.

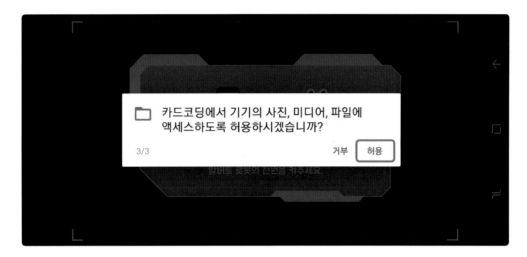

❸ [알버트 AI 카드 코딩] 앱이 시작된 화면입니다. [START(시작)] 버튼을 누르고 들어가면 됩니다.

여기서 잠깐! 앱과 알버트를 연결해요!

❶ [알버트 BLE 론처] 앱을 처음 실행했을 때 알버트 로봇의 전원이 켜져 있지 않다면 아래와 같은 메시지가 뜹니다. 알버트 로봇의 전원이 켜져 있다면 자동으로 로봇을 찾아 다음 단계로 넘어갑니다.

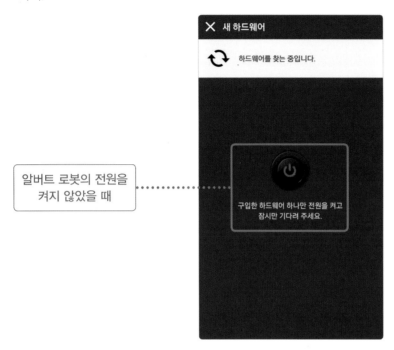

알버트 로봇의 전원을 켜지 않았을 때

❷ 로봇의 이름을 정하면 해당 로봇이 스마트폰(스마트패드)과 연결됩니다.

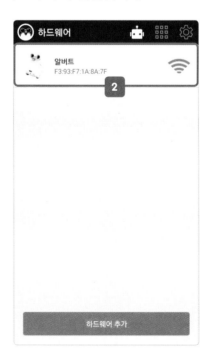

③ 다른 알버트 로봇을 연결하고 싶거나 처음 등록된 로봇이 잘 연결되지 않을 경우 연결되었다고 나오는 로봇을 삭제하고, 다시 연결해줍니다. 여러 대의 로봇을 동시에 켠 경우 연결하기를 원하는 로봇을 찾는데 어려움을 겪을 수 있으므로 이런 과정을 반복합니다.

④ 새로 연결한 로봇의 이름을 정하고 [확인] 버튼을 누릅니다.

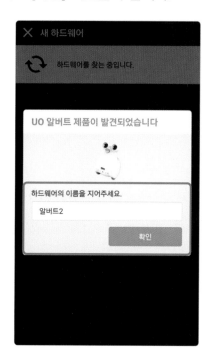

설치한 [카드 코딩] 앱이 실행되지 않을 때

[알버트 BLE 론처] 앱을 설치하고 [카드 코딩] 앱을 설치했는데 [카드 코딩] 앱이 실행되지 않고 종료되는 경우가 있습니다. 앱과 연결된 어도비 에어 프로그램이 설치되지 않는 경우 종종 발생하는 일이기 때문에 해당 프로그램을 설치해줍니다.

어도비 에어 프로그램 설치 :

https://m.apkpure.com/adobe-air/com.adobe.air/download?from=details

이 프로그램을 설치하면 스마트폰(스마트패드) 화면에 다음과 같은 앱이 표시됩니다. 알버트 스쿨 홈페이지에서도 필요한 자료를 쉽게 얻을 수 있어요. 검색 창에서 〈알버트 스쿨〉을 검색하거나 'http://www.albert.school/'을 입력하세요.

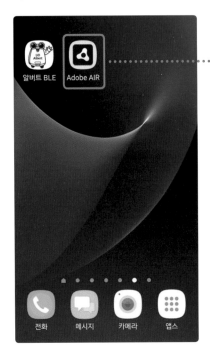

프로그램 설치 후 다시 [알버트 BLE 론처] 앱에서 [카드 코딩] 앱을 실행합니다.

공을 넣어요!

6세 이상

공 놀이를 좋아하나요? 알버트의 몸에 밀대를 연결하면 공을 가지고 놀 수 있습니다. 정해진 위치에 공을 넣으려면 여러분이 어떻게 도와줘야 할까요? 이번에는 [카드 코딩] 앱에 연결하여 코드 명령을 작성해 해결해봅시다.

로봇과 카드 코딩을 해요!

🦉 목표
알버트 로봇으로 공 넣기 미션 해결하기

🦉 준비물
알버트 AI로봇 또는 UO 알버트 로봇,
코딩 카드, 스마트폰(스마트패드),
작은 공(탁구공 또는 장난감 공),
골대(와플 블록 등 집에 있는 재료로
만들기), 운동장 맵(부록)

🦉 주의사항
축구 골대를 만들기 위해 필요한 재료
미리 준비하기

🦉 연관 교육과정
실과 [6실05-06] 생활 속에서 로봇 활용 사례를
통해 작동 원리와 활용 분야를 이해한다.
[6실04-08] 절차적 사고에 의한
문제 해결의 순서를 생각하고 적용한다.

이 놀이는

알버트 로봇이 공 넣기 미션을 해결할 수 있도록 [카드 코딩] 앱에서 카드를 이용해 코딩을 해보는 놀이예요. 맵에 있는 정해진 위치에 공을 넣으려면 알버트가 어떻게 움직여야 하는지 생각해보고, 숫자 카드를 이용해 필요한 만큼 움직여 보면서 문제 해결을 경험할 수 있어요.

① 알버트 AI로봇 또는 UO 알버트 로봇, 코딩 카드, 스마트폰(스마트패드), 작은 공(탁구공 또는 장난감 공), 골대(와플 블록 등 집에 있는 재료로 만들기), 운동장 맵(부록)을 준비합니다.

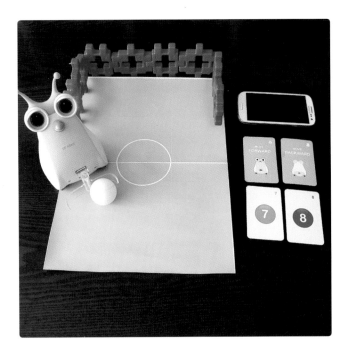

② 운동장 맵 1과 2를 연결하고, 미션을 해결할 준비를 합니다.

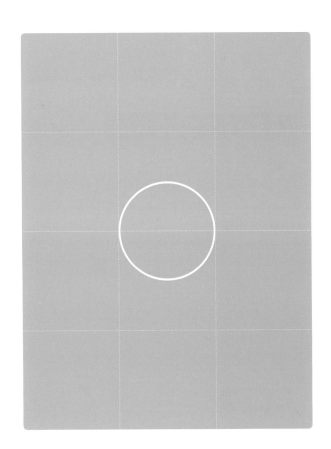

③ 미션 지도 위에 시작 지점에서 출발해 골대로 공을 넣기 위한 이동 경로를 표시합니다.

* 위의 경로는 예시입니다. 시작 지점이 달라지면 공을 넣는 경로가 달라질 수 있습니다.

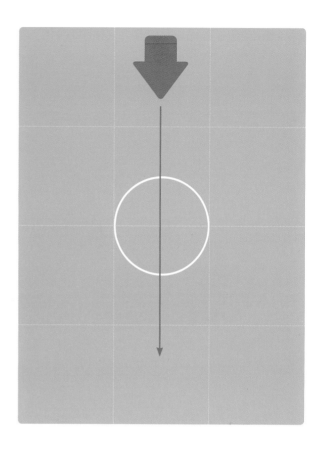

④ [알버트 BLE 론처] 앱을 실행한 후 [카드 코딩] 앱을 선택합니다. 알버트 AI로봇이라면 [알버트 AI 카드 코딩] 앱을 실행합니다.

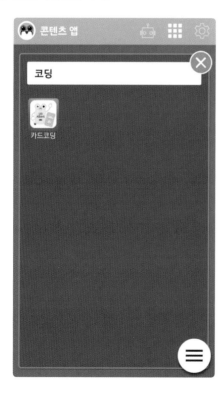

5 알버트와 [카드 코딩] 앱을 연결한 후 [카드 코딩] 앱의 메인 화면에서 카드를 입력할 준비를 합니다.

6 이동 경로를 보면서 필요한 카드를 찾아 바닥에 놓습니다. 숫자 1 카드는 알버트를 한 번에 3cm씩 움직이게 합니다. 여기서 알버트가 골대에 공을 넣기 위한 거리를 생각해봤을 때 약 21cm 정도가 되므로 숫자 7 카드를 입력합니다. 숫자 카드를 여러 개 입력해보고 제일 적당한 거리만큼 이동하는 카드를 선택하면 됩니다.

⑦ 카드를 순서대로 알버트에 입력합니다.

* 앞으로 한 칸 이동 카드를 먼저 입력해도 좋고, 숫자 카드를 먼저 입력해도 됩니다.

⑧ 카드 입력이 끝나면 [카드 코딩] 앱 화면에 입력된 카드들이 표시됩니다. 입력이 완료되면 우측 하단에 있는 [실행] 버튼을 눌러줍니다.

⑨ 알버트가 미션을 잘 해결하는지 살펴보세요.

알버트 카드 사용 방법 익히기 : 숫자 카드

숫자 카드는 혼자 사용할 수 없습니다. 앞으로 1칸 이동 또는 뒤로 1칸 이동 카드와 함께 사용해야 합니다. 예를 들어 아래 그림처럼 앞으로 1칸 이동 카드를 먼저 입력하고, 숫자 1 카드를 입력했다면, 알버트는 앞으로 3cm 정도 움직입니다. 숫자 1은 알버트를 3cm만큼 움직이게 합니다.

- 앞으로 한 칸 이동 + 숫자 1 = 알버트가 3cm 앞으로 이동합니다.
- 앞으로 한 칸 이동 + 숫자 2 = 알버트가 6cm 앞으로 이동합니다.
- 앞으로 한 칸 이동 + 숫자 3 = 알버트가 9cm 앞으로 이동합니다.
- 앞으로 한 칸 이동 + 숫자 4 = 알버트 12cm 앞으로 이동합니다.
- 앞으로 한 칸 이동 + 숫자 5 = 알버트가 15cm 앞으로 이동합니다.
- 앞으로 한 칸 이동 + 숫자 6 = 알버트가 18cm 앞으로 이동합니다.
- 앞으로 한 칸 이동 + 숫자 7 = 알버트가 21cm 앞으로 이동합니다.
- 앞으로 한 칸 이동 + 숫자 8 = 알버트가 24cm 앞으로 이동합니다.
- 앞으로 한 칸 이동 + 숫자 9 = 알버트가 27cm 앞으로 이동합니다.
- 앞으로 한 칸 이동 + 숫자 10 = 알버트가 30cm 앞으로 이동합니다.

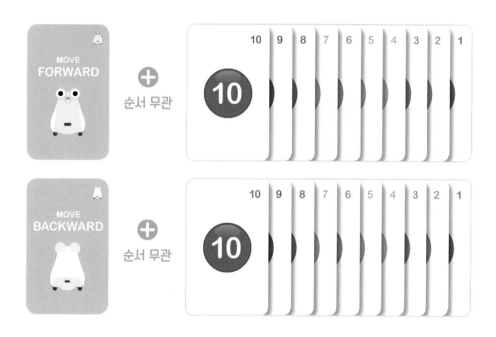

이때 앞으로 한 칸 이동 또는 뒤로 한 칸 이동 카드를 먼저 입력하고 숫자 카드를 입력해도 되고, 숫자 카드를 먼저 입력하고 앞으로 한 칸 이동 또는 뒤로 한 칸 이동 카드를 입력해도 됩니다.

SECTION

08

뱅글뱅글! 돌아요!

6세 이상

코끼리 코를 하고 제자리에서 빙빙 돌다가 보물을 찾으러 가는 놀이를 한 적이 있나요? 알버트가 보물이 있는 곳을 향해 회전한 뒤 앞으로 나가려면 여러분이 어떻게 도와줘야 할까요? [카드 코딩] 앱에 연결하여 코드 명령을 작성해 해결해봅시다.

로봇과 카드 코딩을 해요!

🦉 목표

알버트 로봇으로 회전 미션 해결하기

🦉 준비물

알버트 AI로봇 또는 UO 알버트 로봇,
코딩 카드, 스마트폰(스마트패드),
보물상자(집에 있는 재료 활용),
각도기 맵(부록)

🦉 주의사항

2장의 맵 연결 시 잘 이어지도록 하기

🦉 연관 교육과정

실과 [6실05-06] 생활 속에서 로봇 활용 사례를
통해 작동 원리와 활용 분야를 이해한다.
[6실04-08] 절차적 사고에 의한 문제
해결의 순서를 생각하고 적용한다.

이 놀이는

알버트 로봇이 회전 미션을 해결할 수 있도록 [카드 코딩] 앱에서 카드를 이용해 코딩을 해보는 놀이예요. 맵에 있는 보물이 있는 곳으로 가기 위해 알버트가 어떻게 회전해야 하는지 생각해보고, 각도 카드를 이용해 필요한 만큼 움직여 보면서 문제 해결을 경험할 수 있어요.

058 ● 알버트 AI로봇과 함께하는 즐거운 엔트리 코딩 [카드 코딩]

① 알버트 AI로봇 또는 UO 알버트 로봇, 코딩 카드, 스마트폰(스마트패드), 보물 상자(집에 있는 재료 활용), 각도기 맵 (부록)을 준비합니다.

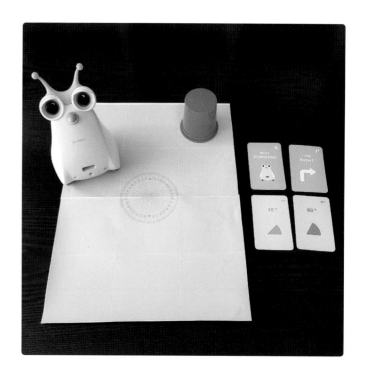

② 각도기 맵 1과 2를 연결하고, 미션을 해결할 준비를 합니다.

❸ 미션 지도 위 정중앙에 위치한 알버트가 해당 보물이 있는 곳을 향해 회전한 뒤 앞으로 나가기 위한 이동 경로를 표시합니다.

* 위의 경로는 예시입니다. 바라보는 방향이 달라지면 회전하는 각도와 이동 경로가 달라질 수 있습니다.

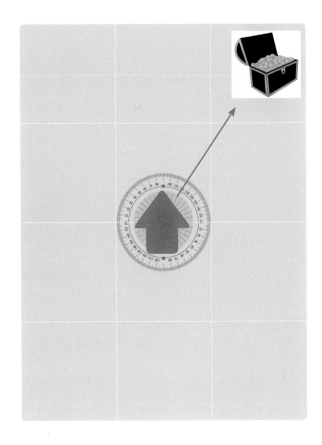

❹ [알버트 BLE 론처] 앱을 실행한 후 [카드 코딩] 앱을 선택합니다. 알버트 AI로봇이라면 [알버트 AI 카드 코딩] 앱을 실행합니다.

⑤ 알버트와 [카드 코딩] 앱을 연결한 후 [카드 코딩] 앱의 메인 화면에서 카드를 입력할 준비를 합니다.

⑥ 이동 경로를 보면서 필요한 카드를 찾아 바닥에 놓습니다. 각도 카드는 방향 카드와 함께 사용되며, 오른쪽으로 돌기와 45도 각도 카드가 만나 오른쪽으로 45도 회전합니다.

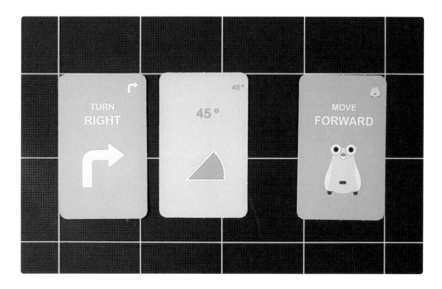

⑦ 카드를 순서대로 알버트에 입력합니다.

* 오른쪽으로 돌기 카드를 먼저 입력해도 좋고, 각도 카드를 먼저 입력해도 됩니다.

⑧ 카드 입력이 끝나면 [카드 코딩] 앱 화면에 입력된 카드들이 표시됩니다. 입력이 완료되면 우측 하단
에 있는 [실행] 버튼을 눌러줍니다.

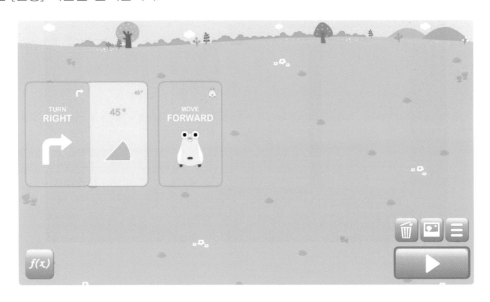

9 알버트가 미션을 잘 해결하는지 살펴보세요.

알버트의 카드 사용 방법 익히기 : 각도 카드

각도 카드는 혼자 사용할 수 없습니다. 오른쪽으로 돌기 또는 왼쪽으로 돌기 카드와 함께 사용해야 합니다. 예를 들어 아래 그림처럼 왼쪽으로 돌기 카드를 먼저 입력하고, 90도 각도 카드를 입력했다면, 알버트는 왼쪽으로 90만큼 회전합니다.

....

- 왼쪽으로 돌기 + 각도 15도 = 알버트가 왼쪽으로 15도 회전합니다.
- 왼쪽으로 돌기 + 각도 30도 = 알버트가 왼쪽으로 30도 회전합니다.
- 왼쪽으로 돌기 + 각도 35도 = 알버트가 왼쪽으로 45도 회전합니다.
- 왼쪽으로 돌기 + 각도 60도 = 알버트가 왼쪽으로 60도 회전합니다.
- 왼쪽으로 돌기 + 각도 75도 = 알버트가 왼쪽으로 75도 회전합니다.
- 왼쪽으로 돌기 + 각도 90도 = 알버트가 왼쪽으로 90도 회전합니다.

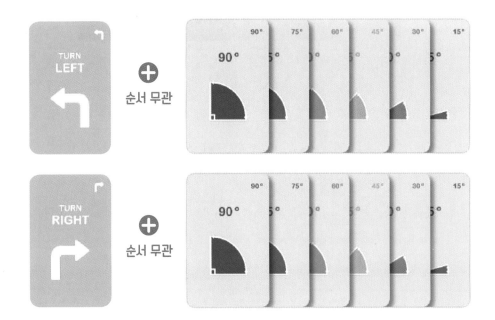

이때 오른쪽으로 돌기 또는 왼쪽으로 돌기 카드를 먼저 입력하고 각도 카드를 입력해도 되고, 각도 카드를 먼저 오른쪽으로 돌기 또는 왼쪽으로 돌기 카드를 입력해도 됩니다.

6세 이상

말할 수 있어요!

말하는 로봇을 본 적이 있나요? 알버트 로봇에 목소리를 녹음해 말하도록 하려면 여러분이 어떻게 도와줘야 할까요? [카드 코딩] 앱에 연결하여 코드 명령을 작성해 해결해봅시다.

로봇과 카드 코딩을 해요!

🦉 목표
알버트 로봇으로 말하기
미션 해결하기

🦉 준비물
알버트 AI로봇 또는 UO 알버트
로봇, 코딩 카드, 스마트폰
(스마트패드), 무대 맵(부록)

🦉 주의사항
카드를 색깔별로 잘 정리하기

🦉 연관 교육과정
실과 [6실05-06] 생활 속에서 로봇 활용 사례를
통해 작동 원리와 활용 분야를 이해한다.
[6실04-08] 절차적 사고에 의한 문제 해결의
순서를 생각하고 적용한다.

이 놀이는

알버트 로봇이 말하며 춤출 수 있도록 [카드 코딩] 앱에서 카드를 이용해 코딩을 해보는 놀이예요. 움직임을 시작하기 전과 후에 알버트가 말하도록 하려면 어떻게 해야 하는지 생각해보고, 말하기 카드를 이용해 문제를 해결해보는 경험을 할 수 있어요.

❶ 알버트 AI로봇 또는 UO 알버트 로봇, 코딩 카드, 스마트폰(스마트패드), 무대 맵(부록)을 준비합니다.

❷ 무대 맵을 오려 미션을 해결할 준비를 합니다.

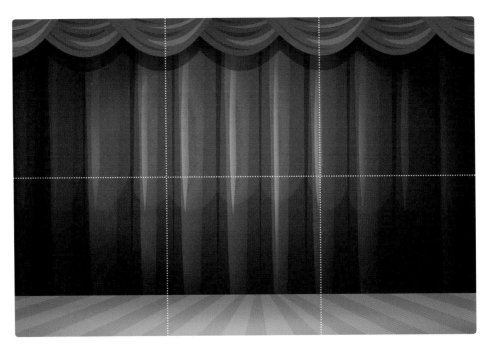

③ 미션 지도 위 적당한 위치에 알버트를 올려놓고, 어떻게 춤추게 할지 움직임을 생각합니다.

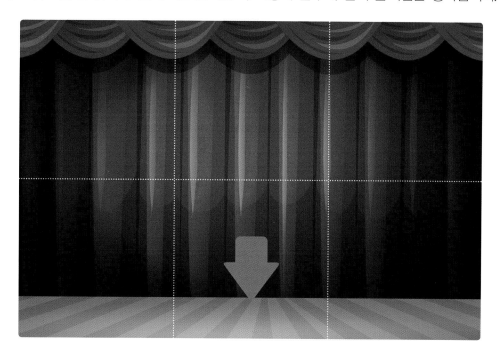

④ [알버트 BLE 론처] 앱을 실행한 후 [카드 코딩] 앱을 선택합니다. 알버트 AI로봇이라면 [알버트 AI 카드 코딩] 앱을 실행합니다.

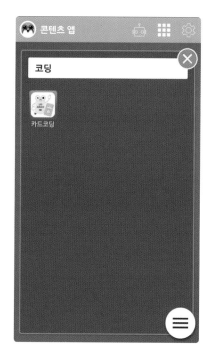

⑤ 알버트와 [카드 코딩] 앱을 연결한 후 [카드 코딩] 앱의 메인 화면에서 카드를 입력할 준비를 합니다.

⑥ 오른쪽에 있는 [설정] 버튼을 누르면 설정 창이 뜹니다. [말하기] 버튼을 누르면 말하기 카드에 원하는 소리를 녹음할 수 있습니다.

7 빨간색 말하기 카드를 선택한 뒤 [녹음하기] 버튼을 누릅니다.

8 약 10초 동안 원하는 소리를 녹음할 수 있으므로 녹음을 시작합니다. 녹음이 끝나면 [멈춤] 버튼을 누르면 됩니다. 춤추기 전에 나오는 말이므로 "신나게 춤춰 볼까?"와 같은 말을 녹음할 수 있습니다.

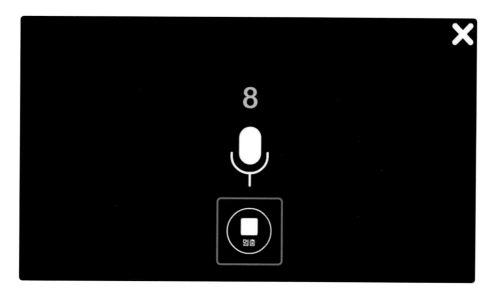

9 녹음한 파일을 적당한 이름을 붙여 저장합니다. 10글자 이내로 특수문자는 사용할 수 없으며, 예를 들어 '처음'이라는 이름을 입력한 뒤 [확인] 버튼을 눌러줍니다.

10 마찬가지로 초록색 말하기 카드를 선택한 뒤 [녹음하기] 버튼을 누릅니다.

⑪ 약 10초 동안 원하는 소리를 녹음할 수 있으므로 녹음을 시작합니다. 녹음이 끝나면 [멈춤] 버튼을 누르면 됩니다. 춤추고 난 뒤 나오는 말이므로 "너도 따라해 봐!"와 같은 말을 녹음할 수 있습니다.

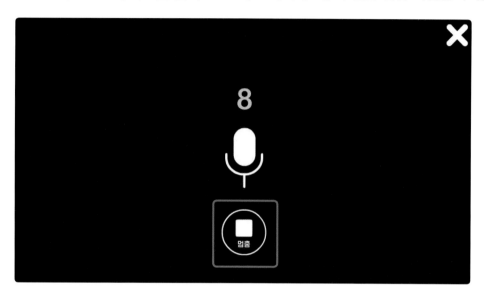

⑫ 마찬가지로 녹음한 파일을 적당한 이름을 붙여 저장합니다. 10글자 이내로 특수문자는 사용할 수 없으며, 예를 들어 '끝'이라는 이름을 입력한 뒤 [확인] 버튼을 눌러줍니다.

⓭ 처음과 끝에는 말하기 카드를 놓고, 그사이에 춤추는 동작을 표현할 수 있는 카드를 넣습니다. 위의 예시는 알버트 로봇이 눈을 반짝이며 오른쪽, 왼쪽으로 각각 돌도록 선택한 카드입니다. 여러분이 원하는 카드를 선택하여 입력해도 좋습니다.

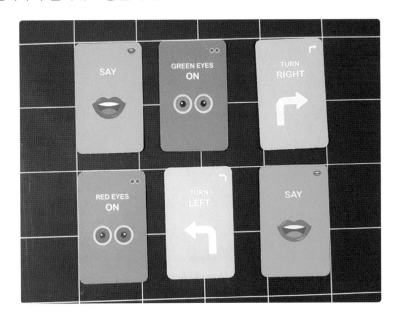

⓮ 선택한 카드를 순서대로 알버트에 입력합니다.

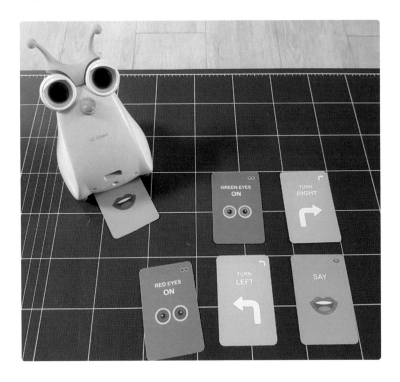

⑮ 카드 입력이 끝나면 [카드 코딩] 앱 화면에 입력된 카드들이 표시됩니다. 입력이 완료되면 우측 하단에 있는 [실행] 버튼을 눌러줍니다.

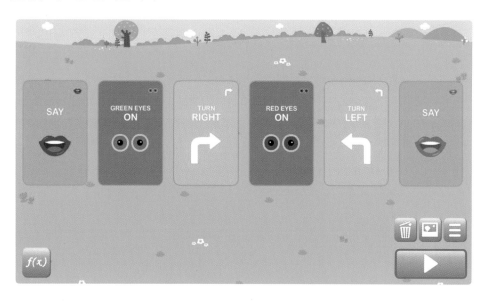

⑯ 알버트가 미션을 잘 해결하는지 살펴보세요.

[카드 코딩] 앱 살펴보기 : 불러오기

녹음하여 저장한 소리를 확인하고 싶다면 아래 예시 화면에서 [불러오기] 버튼을 클릭하면 됩니다. 직접 자신의 목소리를 입력하여 저장한 파일 〈시작〉과 〈끝〉뿐 아니라 기본으로 저장된 소리도 확인할 수 있습니다. 〈나야나~ 알버트~〉나 〈맞았어! 바로 그거야!〉, 〈마침내 도착~〉과 같은 알버트 목소리를 확인해보세요!

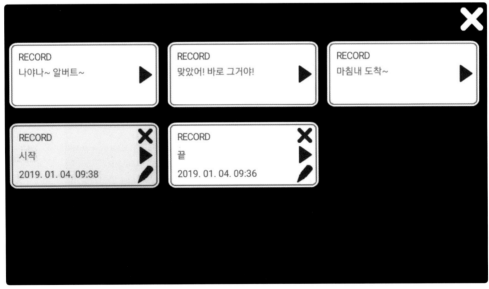

필요할 때 불러요!

자주 사용하는 카드들을 하나로 묶어서 필요할 때마다 그 묶음을 불러서 사용하면 어떨까요? 여러 장의 카드들을 묶어 하나의 카드 속에 저장해 알버트 로봇이 필요할 때 사용하려면 여러분이 어떻게 도와줘야 할까요? 카드 코딩 앱에 연결하여 코드 명령을 작성해 해결해 봅시다.

로봇과 카드 코딩을 해요!

🦉 목표
알버트 로봇으로
함수 미션 해결하기

🦉 준비물
알버트 AI로봇 또는 UO 알버트
로봇, 코딩 카드, 스마트폰
(스마트패드), 무대 맵(부록)

🦉 주의사항
앞에서 사용한 맵을 버리지 않고 재활용하기

🦉 연관 교육과정
실과 [6실05-06] 생활 속에서 로봇 활용 사례를 통해
작동 원리와 활용 분야를 이해한다.
[6실04-08] 절차적 사고에 의한 문제 해결의
순서를 생각하고 적용한다.

이 놀이는

알버트 로봇이 여러 장의 카드들을 묶어 한 장의 카드에 저장해 필요할 때마다 불러서 사용할 수 있도록 [카드 코딩]
앱에서 코딩을 해보는 놀이예요. 어떻게 하면 여러 장의 카드를 묶어 한 장의 카드 속에 저장할 수 있을지 생각해보고,
함수 카드를 사용해 문제를 해결해보는 경험을 할 수 있어요.

❶ 알버트 AI로봇 또는 UO 알버트 로봇, 코딩 카드, 스마트폰(스마트패드), 무대 맵(부록)을 준비합니다.

❷ 이전 활동에서 사용했던 무대 맵을 준비합니다.

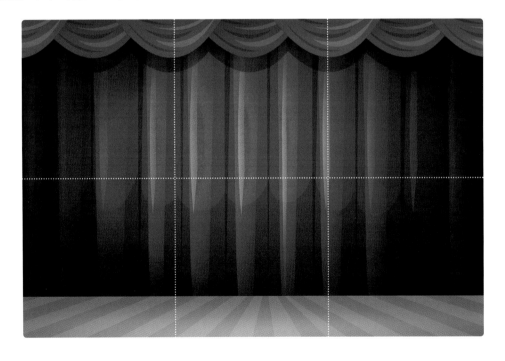

❸ 미션 지도 위 적당한 위치에 알버트를 올려놓고, 어떻게 움직이게 할지 생각합니다.

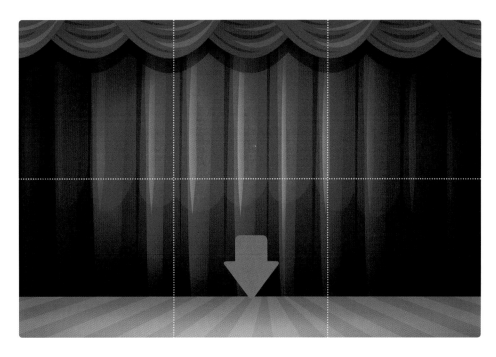

❹ [알버트 BLE 론처] 앱을 실행한 후 [카드 코딩] 앱을 선택합니다. 알버트 AI로봇이라면 [알버트 AI 카드 코딩] 앱을 실행합니다.

⑤ 알버트와 [카드 코딩] 앱을 연결한 후 [카드 코딩] 앱의 메인 화면에서 카드를 입력할 준비를 합니다.

⑥ 한 장의 카드 속으로 묶고 싶은 카드를 함수 시작 카드와 함수 끝 카드 사이에 놓습니다. 위의 예시
   는 앞으로 한 칸 이동 후 삐 소리를 내고, 뒤로 한 칸 이동 후 다시 삐 소리를 내는 4장의 카드를 한
   장의 카드 속으로 묶은 것입니다.

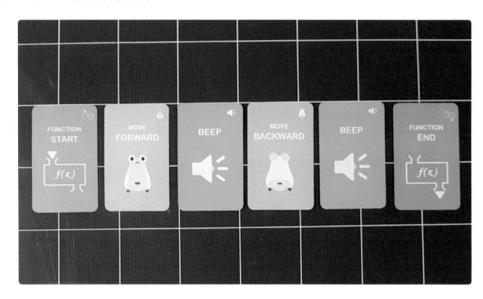

❼ 먼저 함수 시작 카드를 입력합니다.

❽ 새 함수 만들기 창에 입력한 카드가 뜹니다.

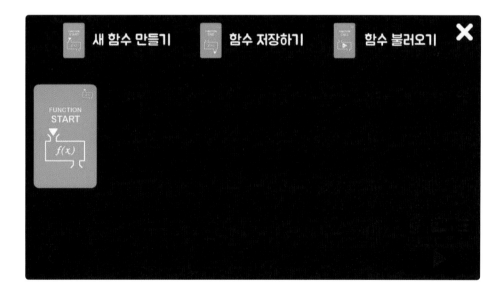

🙂❾ 순서대로 카드를 입력하고, 마지막에 함수 끝 카드를 입력합니다.

🙂❿ 함수 끝 카드가 입력되면 입력한 함수 카드가 저장되었다는 메시지가 나옵니다.

⑪ 원하는 여러 장의 카드가 함수 호출 카드 한 장 속에 저장되었으므로 필요할 때 불러서 사용하도록 필요한 카드를 선택합니다. 위의 예시는 저장된 함수 카드를 호출하고, 불을 반짝인 후 다시 한번 더 함수 카드를 호출한 것입니다.

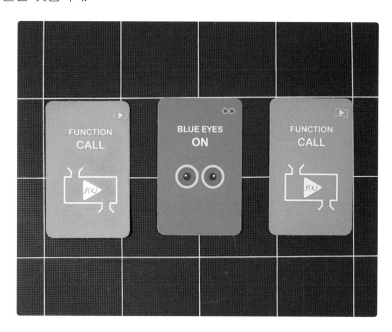

⑫ 선택한 카드를 차례대로 입력합니다.

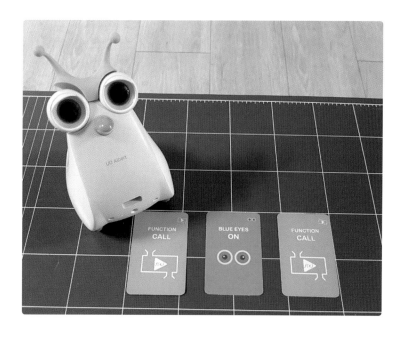

⑬ [카드 코딩] 앱 화면에는 함수 호출 카드 속에 저장된 카드들이 모두 보입니다.

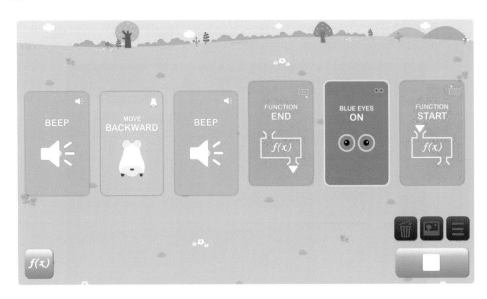

⑭ 우측 하단에 있는 [실행] 버튼을 눌러줍니다.

15 알버트가 미션을 잘 해결하는지 살펴보세요.

[카드 코딩] 앱 살펴보기 : 저장하기

여러 장의 카드를 한 장의 카드 속에 저장하여 필요할 때마다 불러서 사용할 수도 있지만, 자신이 만든 전체 카드 코드를 파일로 저장할 수도 있습니다. **1** [설정] 버튼을 눌러 설정 창이 뜨면, **2** [저장하기] 버튼을 클릭합니다. **3** 원하는 이름을 입력한 뒤 **4** [확인] 버튼을 누르면 코드가 저장되므로 필요할 때 해당 카드 코드를 불러서 사용할 수 있습니다.

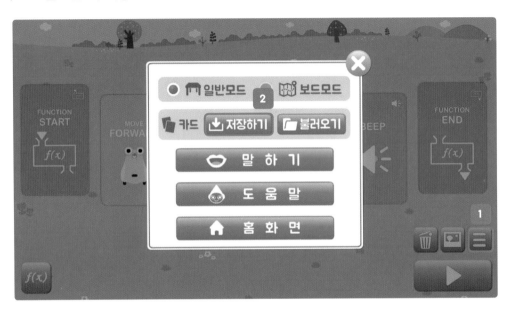

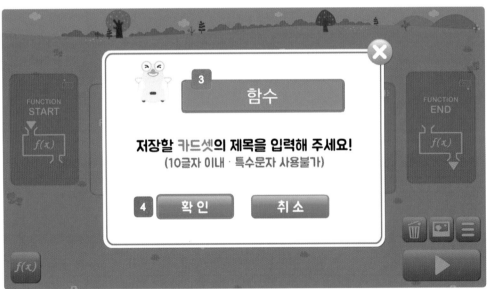

엔트리 코딩을 준비해요!

8세 이상

이전까지 앱으로 알버트 로봇을 움직였다면 지금부터는 컴퓨터(노트북)에서 엔트리 프로그램을 설치해 블록 코딩으로 알버트 로봇을 움직이려고 합니다. 먼저 엔트리 블록 코딩에 필요한 프로그램을 설치해야겠죠? 하나씩 따라하며 엔트리 코딩을 준비해봅시다.

블록 코딩을 배워요!

🦉 목표
엔트리 코딩에 필요한 프로그램을 설치하고, 사용 방법 알기

🦉 준비물
알버트 AI로봇 또는 UO 알버트 로봇, 알버트 동글, 컴퓨터(노트북)

🦉 주의사항
컴퓨터(노트북) 오래 사용하지 않기

🦉 연관 교육과정
실과 [6실04-07] 소프트웨어가 적용된 사례를 찾아보고 우리 생활에 미치는 영향을 이해한다.
[6실05-06] 생활 속에서 로봇 활용 사례를 통해 작동 원리와 활용 분야를 이해한다.

이 놀이는

알버트 로봇을 엔트리 코딩으로 움직이기 위해 필요한 프로그램을 설치하고, 사용 방법을 익히는 활동이에요. 필요한 프로그램을 직접 설치하고 연결하는 방법을 알아보면서 앞으로 어떤 활동을 하게 될지 생각해볼 수 있어요.

① 컴퓨터(노트북)를 켜고 검색 창에 "엔트리" 또는 "https://playentry.org/"를 입력합니다.

② 메뉴의 [만들기] – [작품 만들기]를 클릭합니다.

❸ 블록 카테고리 제일 하단에 있는 [하드웨어]를 클릭한 후 [연결 프로그램 열기]를 누르면 엔트리 하드웨어 프로그램이 열리거나 설치 안내 팝업창이 열립니다.

❹ 알버트 로봇의 전원을 켜고, USB 동글을 컴퓨터(노트북)에 연결합니다.

5 엔트리 하드웨어 프로그램 창에서 UO 알버트 또는 알버트 AI를 선택합니다.

6 하드웨어 > 연결 대기 메시지가 뜨면서 엔트리 하드웨어 프로그램이 로봇과 연결을 시도하고 있습니다.

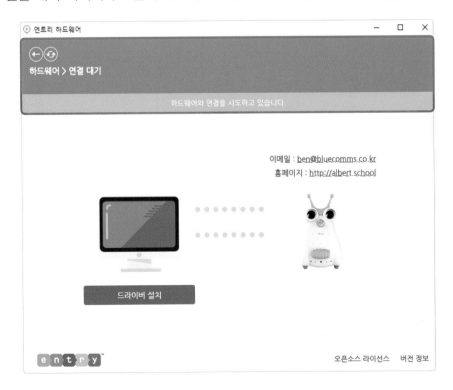

⑦ 하드웨어 〉 연결 성공 메시지가 뜨면 엔트리 하드웨어 프로그램과 로봇이 서로 연결됩니다.

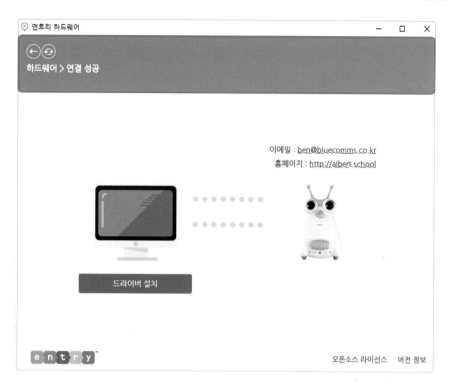

⑧ 엔트리 하드웨어 프로그램으로 코딩을 할 수 있는 창이 뜹니다.

컴퓨터(노트북)에 로봇이 연결되지 않을 때

컴퓨터(노트북)에 알버트 로봇을 연결하기 위해서는 USB 동글이 필요합니다. 그런데 동글을 꽂았음에도 연결되지 않는다면 USB 동글 드라이버가 없기 때문일 수 있습니다. USB 동글 프로그램을 다운 받은 후 다시 연결하여 실행해보세요.

방법 ❶ 엔트리 하드웨어 프로그램 창에서 [드라이버 설치] 버튼 클릭하기

❷ USB 동글 드라이버 설치 링크 http://www.albert.school/link/main/dongle.html

드라이버를 설치했다면 동글을 PC에 연결하고 알버트 로봇의 전원을 켠 뒤, 동글 가까이에 가져갑니다. 처음 연결할 때 알버트와 동글 간의 거리는 약 20cm 이내로 해주는 것이 좋습니다. 알버트에서 삑 소리가 나고 동글의 블루투스 표시등이 파란색으로 계속 켜져 있거나 깜박이면 연결이 정상적으로 된 것입니다.

알버트 코딩 다운로드 사이트

엔트리 사이트에서 알버트 로봇 연결이 원활하지 않을 때 아래 사이트에서 직접 알버트 코딩 프로그램을 다운로드할 수 있습니다. http://robotcoding.school/albert

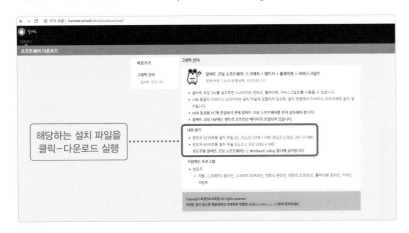 

달리기 시합을 해요!

8세 이상

달리기 시합을 해본 적이 있나요? 알버트 로봇이 출발선에서 결승선까지 달리기를 하려면 여러분이 어떻게 도와줘야 할까요? 엔트리로 블록 코드 명령을 작성해 해결해봅시다.

블록 코딩을 배워요!

🦉 **목표**

알버트 로봇으로 달리기 미션 해결하기

🦉 **준비물**

알버트 AI로봇 또는 UO 알버트 로봇, 알버트 동글, 컴퓨터(노트북), 경주 맵(부록)

🦉 **주의사항**

USB 동글 연결 꼭 하기

🦉 **연관 교육과정**

실과 [6실05-06] 생활 속에서 로봇 활용 사례를 통해 작동 원리와 활용 분야를 이해한다.
[6실04-09] 프로그래밍 도구를 사용하여 기초적인 프로그래밍 과정을 체험한다.

이 놀이는

알버트 로봇이 달리기 미션을 해결할 수 있도록 여러분이 직접 엔트리로 블록 코딩을 해보는 놀이예요. 출발선에서 결승선까지 달리기 위해서 알버트가 어떻게 움직여야 하는지 생각해보고, 필요한 블록 코드 명령을 찾아 순서대로 연결하며 '순차' 구조에 대해 알 수 있어요.

① 알버트 AI로봇 또는 UO 알버트 로봇, 알버트 동글, 컴퓨터(노트북), 경주 맵(부록)을 준비합니다.

② 경주 맵 1과 2를 오려 가로로 연결하고, 미션을 해결할 준비를 합니다.

③ 미션 지도 위에 출발선에서 결승선까지 알버트의 이동 경로를 표시합니다. 만약 시합이 가능하다면 알버트 2대를 놓고 미션을 해결할 수도 있습니다.

④ 엔트리 하드웨어 프로그램을 실행하고 UO 알버트 또는 알버트 AI를 선택합니다.

⑤ 엔트리가 실행되면 하드웨어 영역에 알버트를 움직일 수 있는 블록 명령들을 볼 수 있습니다.

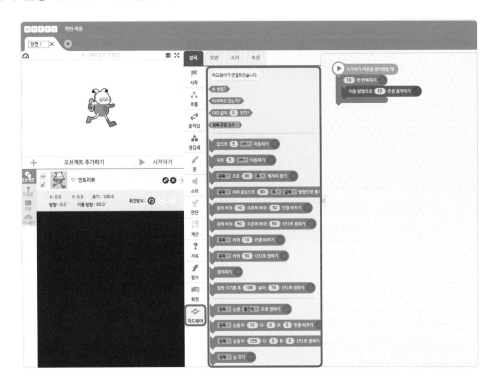

※ 6-1의 방법 또는 6-2의 방법 둘 중 하나를 선택해 블록 명령을 작성해보세요.

6-1 출발선에서 결승선까지 거리는 약 45cm 정도 됩니다. 〈시작하기 버튼을 클릭했을 때〉 블록 아래에 〈앞으로 (5cm) 이동하기〉 블록을 9번 연결한 뒤 [시작하기] 버튼을 클릭합니다. 알버트가 결승선까지 잘 들어오는지 살펴보세요.

6-2 〈앞으로 (5cm) 이동하기〉 블록 속의 입력 값을 45로 바꿔줍니다. [시작하기] 버튼을 클릭합니다.

7 알버트가 결승선까지 잘 들어오는지 살펴보세요.

엔트리 알버트 명령 블록 살펴보기 ❶

알버트의 기본 움직임을 제어하는 명령 블록입니다. 〈일정 거리만큼 앞으로 이동하기〉, 〈일정 거리만큼 뒤로 이동하기〉, 〈일정한 각도(또는 시간 등)만큼 왼쪽으로 돌기〉, 〈일정한 각도(또는 시간 등)만큼 오른쪽으로 돌기〉, 〈일정한 각도(또는 시간 등)만큼 왼쪽 바퀴 중심으로 앞쪽 방향으로 돌기〉, 〈일정한 각도(또는 시간 등)만큼 왼쪽 바퀴 중심으로 뒤쪽 방향으로 돌기〉와 같은 블록들이 있습니다. 해당 블록들을 사용해 알버트를 움직여 보세요.

앞으로 입력된 값만큼 이동합니다. 기본값은 5cm입니다.

뒤로 입력된 값만큼 이동합니다. 기본값은 5cm입니다.

왼쪽으로 90도 제자리에서 돕니다. 기본값은 90도이며, 각도, 초, 펄스로 단위를 지정할 수 있습니다.

오른쪽으로 90도 제자리에서 돕니다. 기본값은 90도이며, 각도, 초, 펄스로 단위를 지정할 수 있습니다.

왼쪽 바퀴를 중심으로 90도 앞쪽 방향 또는 뒤쪽 방향으로 돕니다. 기본값은 90도이며, 각도, 초, 펄스로 단위를 지정할 수 있습니다.

오른쪽 바퀴를 중심으로 90도 앞쪽 방향 또는 뒤쪽 방향으로 돕니다. 기본값은 90도이며, 각도, 초, 펄스로 단위를 지정할 수 있습니다.

회전컵을 타요!

8세 이상

놀이동산에서 회전컵을 타본 적이 있나요? 뱅글뱅글 돌아가는 회전컵을 알버트가 타려면 여러분이 어떻게 도와줘야 할까요? 엔트리로 블록 코드 명령을 작성해 해결해봅시다.

블록 코딩을 배워요!

🦉 목표

알버트 로봇으로 회전컵 타기
미션 해결하기

🦉 준비물

알버트 AI로봇 또는 UO 알버트 로봇,
알버트 동글, 컴퓨터(노트북), 회전컵 맵(부록)

🦉 주의사항

컴퓨터(노트북) 오래 사용 하지 않기

🦉 연관 교육과정

실과 [6실05-06] 생활 속에서 로봇 활용
사례를 통해 작동 원리와 활용 분야를
이해한다.

[6실04-09] 프로그래밍 도구를 사용하여
기초적인 프로그래밍 과정을 체험한다.

[6실04-11] 문제를 해결하는 프로그램을
만드는 과정에서 순차, 선택, 반복 등의
구조를 이해한다.

이 놀이는

알버트 로봇이 회전컵 타기 미션을 해결할 수 있도록 여러분이 직접 엔트리로 블록 코딩을 해보는 놀이예요. 뱅글뱅글 돌며 앞으로 나가도록 하려면 알버트가 어떻게 움직여야 하는지 생각해보고, 필요한 블록 코드 명령을 찾아 연결하며 '반복' 구조에 대해 알 수 있어요.

알버트 블록 코딩 놀이를 시작해요!

① 알버트 AI로봇 또는 UO 알버트 로봇, 알버트 동글, 컴퓨터(노트북), 회전컵 맵(부록)을 준비합니다.

② 회전컵 맵을 오려 미션을 해결할 준비를 합니다.

③ 미션 지도 위에 회전컵을 타고 움직일 알버트의 이동 경로를 표시합니다.

④ 엔트리 하드웨어 프로그램을 실행하고 UO 알버트 또는 알버트 AI를 선택합니다.

5 엔트리가 실행되면 하드웨어 영역에 알버트를 움직일 수 있는 블록 명령들을 볼 수 있습니다.

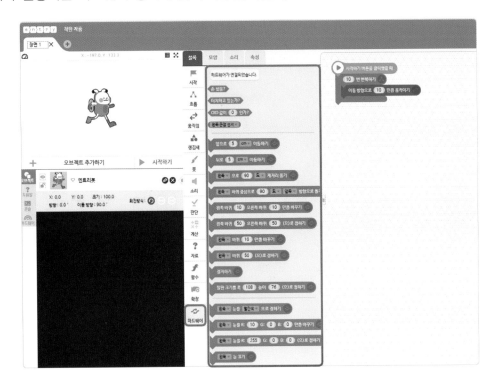

※ 6–1의 방법 또는 6–2의 방법 둘 중 하나를 선택해 블록 명령을 작성해보세요.

6-1 알버트가 제자리에서 한 바퀴를 돌기 위해서는 왼쪽으로 90도만큼 돌기를 4번 반복합니다. 제자리에서 한 바퀴를 돈 뒤 앞으로 이동하는 동작을 총 3번 반복합니다. 이를 반복 블록 명령어로 연결하면 **2**와 같습니다. [시작하기] 버튼을 클릭합니다.

6-2 회전 값을 90도에서 360도로 바꿔 〈왼쪽 바퀴 중심으로 (360)도 앞쪽 방향으로 돌기〉로 만든 후 〈앞으로 (5cm) 이동하기〉 블록과 연결한 것을 《(3)번 반복하기》 블록 속에 넣어줍니다. [시작하기] 버튼을 클릭합니다.

7 알버트가 회전컵을 잘 타는지 살펴보세요.

엔트리 알버트 명령 블록 살펴보기 ❷

알버트가 특정한 행동을 반복해서 실행할 때 사용하는 반복과 관련된 명령 블록입니다. 〈지정한 횟수만큼 반복하기〉, 〈계속 반복하기〉, 〈참이 될 때까지(또는 참인 동안) 반복하기〉와 같은 블록들이 있습니다. 해당 블록들을 사용해 알버트를 움직여 보세요.

설정된 횟수만큼 감싸고 있는 블록들을 반복 실행합니다.

감싸고 있는 블록들을 계속해서 반복 실행합니다.

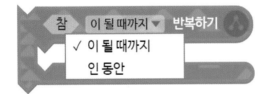

판단이 참인 동안 또는 참이 될 때까지 감싸고 있는 블록들을 반복 실행합니다.

다가가면 변해요!

8세 이상

알버트 로봇은 사람의 손이나 물체가 다가오는 것을 느낄 수 있습니다. 이를 이용해 사람의 손이 다가갔을 때 눈의 색깔이 변하도록 하려면 여러분이 어떻게 도와줘야 할까요? 엔트리로 블록 코드 명령을 작성해 해결해봅시다.

블록 코딩을 배워요!

🦉 목표
알버트 로봇으로 바꾸기 미션 해결하기

🦉 준비물
알버트 AI로봇 또는 UO 알버트 로봇, 알버트 동글, 컴퓨터(노트북)

🦉 주의사항
알버트를 사용하지 않을 때는 전원 버튼 끄기

🦉 연관 교육과정
실과 [6실05-06] 생활 속에서 로봇 활용 사례를 통해 작동 원리와 활용 분야를 이해한다.
[6실04-09] 프로그래밍 도구를 사용하여 기초적인 프로그래밍 과정을 체험한다.
[6실04-11] 문제를 해결하는 프로그램을 만드는 과정에서 순차, 선택, 반복 등의 구조를 이해한다.

이 놀이는

알버트 로봇이 다가오는 손을 감지해 눈의 색깔을 바꾸는 미션을 해결할 수 있도록 여러분이 직접 엔트리로 블록 코딩을 해보는 놀이예요. 눈 색깔을 반복해서 바꾸다가 손이 다가가면 특정한 색깔로 바뀐 뒤 멈추도록 하려면 어떻게 해야 할지 생각해보고, 필요한 블록 코드 명령을 찾아 연결하며 '반복' 구조에 대해 알 수 있어요.

① 알버트 AI로봇 또는 UO 알버트 로봇, 알버트 동글, 컴퓨터(노트북)를 준비합니다.

② 엔트리 하드웨어 프로그램을 실행하고 UO 알버트 또는 알버트 AI를 선택합니다.

③ 엔트리가 실행되면 하드웨어 영역에 알버트를 움직일 수 있는 블록 명령들을 볼 수 있습니다

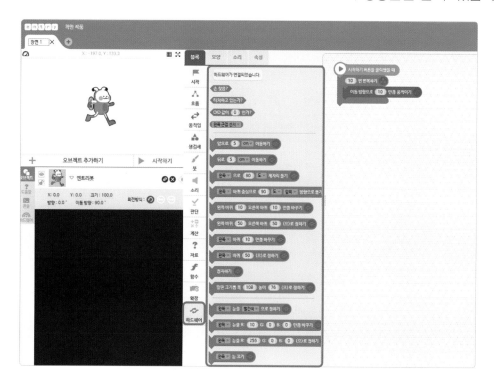

④ 알버트가 양쪽 눈을 노란색과 파란색으로 번갈아가며 반짝이도록 흐름의 〈계속 반복하기〉 블록 속에 《(양쪽) 눈을 (노란색)으로 정하기》와 《(양쪽) 눈을 (파란색)으로 정하기》를 넣되 사이에 《(1)초 기다리기》 블록을 넣어 바뀌는 것이 잘 보이도록 합니다. 이를 블록 명령어로 연결하면 다음과 같습니다.

5 손이 다가갔을 때 눈이 빨간색으로 보이도록 하려면 흐름의 《(참)인 동안 반복하기》 블록을 **1**처럼 넣고, (참) 부분에 하드웨어에 있는 〈손 찾음?〉 블록을 넣어줍니다. 즉, 손을 찾은 동안 그 블록 속에 있는 《(양쪽) 눈을 (빨간색)으로 정하기》를 반복해서 실행하게 됩니다. [시작하기] 버튼을 클릭합니다.

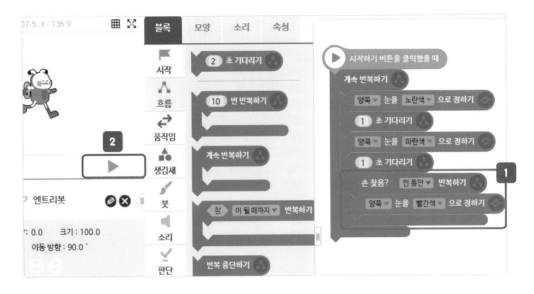

6 알버트의 눈 색깔 변화를 관찰한 후 손을 가까이 다가갔을 때 눈 색깔이 어떻게 변하는지 살펴보세요.

엔트리 알버트 명령 블록 살펴보기 ❸

알버트의 눈 색깔을 명령 블록으로 바꿀 수 있습니다. 《(왼쪽) 눈을 (노란색)으로 정하기》 블록의 경우 왼쪽뿐만 아니라 오른쪽 또는 양쪽 눈을 모두 다 선택할 수 있고, 색깔 역시 빨간색에서 하얀색까지 9가지 색깔 중 선택할 수 있습니다. 또한, RGB 색상표에 있는 숫자를 이용해 다양한 색깔을 표현할 수도 있습니다. 눈의 색깔을 끄고, 〈손 찾음?〉 블록을 활용해 알버트의 다양한 모습을 표현해보세요.

왼쪽이나 오른쪽 또는 양쪽 눈의 색깔을 정할 수 있습니다.

왼쪽이나 오른쪽 또는 양쪽 눈의 색깔을 빨간색, 주황색, 노란색, 초록색, 하늘색, 파란색, 보라색, 자주색, 하얀색 중에 정할 수 있습니다.

왼쪽이나 오른쪽 또는 양쪽 눈의 색깔을 RGB 색상표에 있는 숫자를 이용해 정할 수 있습니다. 예를 들어 R의 값을 255, G의 값을 153, B의 값을 204로 정하면 핑크색이 됩니다.

왼쪽이나 오른쪽 또는 양쪽 눈의 색깔을 RGB 색상표에 있는 숫자를 이용해 바꿀 수 있습니다.

왼쪽 눈 끄기

왼쪽이나 오른쪽 또는 양쪽 눈의 색깔을 끕니다.

손 찾음?

근접 센서를 이용해 손이나 물체가 다가오는 것을 감지할 수 있습니다.

SECTION 15

8세 이상

비상벨을 울려요!

구급차가 사이렌을 울리며 지나가는 것을 본 적이 있나요? 사이렌을 울리며 지나가는 알버트를 손으로 멈추도록 하려면 여러분이 어떻게 도와줘야 할까요? 엔트리로 블록 코드 명령을 작성해 해결해봅시다.

블록 코딩을 배워요!

🦉 목표
알버트 로봇으로 비상벨 울리기 미션 해결하기

🦉 준비물
알버트 AI로봇 또는 UO 알버트 로봇, 알버트 동글, 컴퓨터(노트북), 응급상황 맵(부록)

🦉 주의사항
컴퓨터(노트북) 오래 사용하지 않기

🦉 연관 교육과정
실과 [6실05-06] 생활 속에서 로봇 활용 사례를 통해 작동 원리와 활용 분야를 이해한다.
[6실04-09] 프로그래밍 도구를 사용하여 기초적인 프로그래밍 과정을 체험한다.
[6실04-11] 문제를 해결하는 프로그램을 만드는 과정에서 순차, 선택, 반복 등의 구조를 이해한다.

이 놀이는

알버트 로봇이 비상벨 울리기 미션을 해결할 수 있도록 여러분이 직접 엔트리로 블록 코딩을 해보는 놀이예요. 사이렌을 울리며 달려가는 알버트를 손으로 멈추게 하려면 어떻게 해야 할지 생각해보고, 필요한 블록 코드 명령을 찾아 연결하며 '선택' 구조에 대해 알 수 있어요.

❶ 알버트 AI로봇 또는 UO 알버트 로봇, 알버트 동글, 컴퓨터(노트북), 응급상황 맵(부록)을 준비합니다.

❷ 응급상황 맵을 오려 미션을 해결할 준비를 합니다.

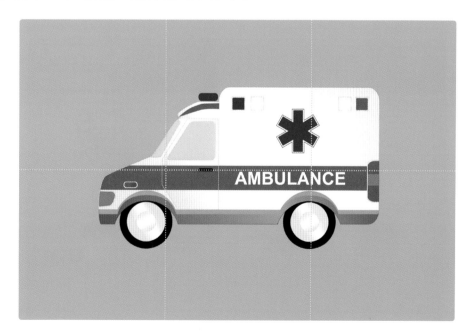

3 미션 지도 위에 구급차로 변신해 움직일 알버트의 이동 경로를 표시합니다.

* 그림에 표시된 경우는 예시이므로 여러분이 직접 시작 지점과 멈출 지점을 정하면 됩니다.

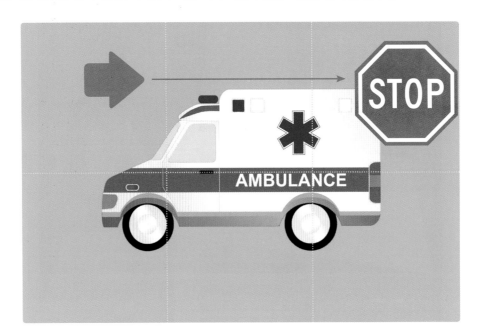

4 엔트리 하드웨어 프로그램을 실행하고 UO 알버트 또는 알버트 AI를 선택합니다.

⑤ 엔트리가 실행되면 하드웨어 영역에 알버트를 움직일 수 있는 블록 명령들을 볼 수 있습니다.

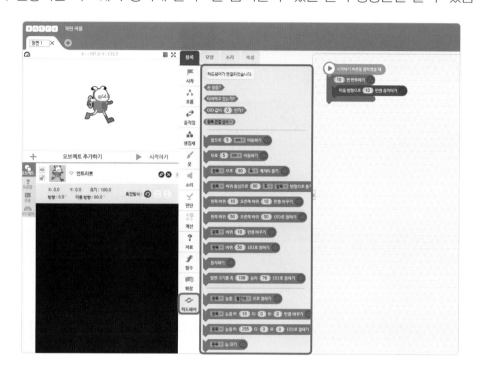

⑥ 알버트가 사이렌을 울리면서 계속해서 앞으로 나가도록 하기 위해 〈계속 반복하기〉 블록 속에 〈사이렌 소리 (1)번 재생하기〉와 〈앞으로 (5)cm 이동하기〉 블록을 차례로 연결합니다. 이를 블록 명령어로 연결하면 다음과 같습니다.

⑦ 손이 다가갔을 때 모든 반복을 멈출 수 있도록 흐름의 〈만일 ~이라면〉 블록을 그림의 예시처럼 넣고, 조건 부분에 하드웨어의 〈손 찾음?〉 블록을 넣어줍니다. 흐름에 있는 〈반복 중단하기〉 블록이 실행되도록 **1**처럼 연결해주고, [시작하기] 버튼을 클릭합니다.

⑧ 알버트가 사이렌을 울리면서 달려가는지 관찰한 후 멈출 지점에서 손을 다가가 봅니다.

엔트리 알버트 명령 블록 살펴보기 ④

알버트가 어떤 상황이나 조건 아래에서 특정한 행동을 실행할 때 사용하는 선택과 관련된 명령 블록이 있습니다. 이번 섹션 활동에 사용한 〈만일 ~이라면〉과 같은 블록이 대표적인 선택과 관련된 명령 블록이라 할 수 있습니다. 〈반복 중단하기〉, 〈특정한 소리를 재생하기〉 블록 등을 사용해 알버트를 움직여 보세요.

만일 판단이 참이면, 감싸고 있는 블록 등을 실행합니다.

이 블록을 감싸는 가장 가까운 반복 블록의 반복을 중단합니다.

삐, 사이렌, 엔진, 로봇, 행진, 생일, 디비디비딥 등의 소리 중 지정하여 선택한 횟수만큼 재생합니다.

삐, 사이렌, 엔진, 로봇, 행진, 생일, 디비디비딥 등의 소리 중 지정하여 선택한 횟수만큼 재생하고 기다립니다.

블록 코딩으로 AI 놀이를 준비해요!

8세 이상

[스택] 앱의 블록을 이용하거나 [NUGU] 앱을 사용하면 음성 명령으로 알버트 로봇을 움직일 수 있어요. 이번에는 블록 코딩 또는 [NUGU] 앱을 이용해 사람의 목소리를 알아듣는 알버트 AI 놀이를 준비하고 간단하게 테스트해봅시다.

로봇과 AI 놀이를 해요!

목표
[스택] 앱 또는 [NUGU] 앱을 살펴보고, 음성 인식 명령 사용 방법 알기

준비물
알버트 AI로봇 또는 UO 알버트 로봇, 스마트폰(스마트패드)

주의사항
스마트폰(스마트패드) 오래 사용하지 않기

연관 교육과정
실과 [6실04-07] 소프트웨어가 적용된 사례를 찾아보고 우리 생활에 미치는 영향을 이해한다.

[6실05-06] 생활 속에서 로봇 활용 사례를 통해 작동 원리와 활용 분야를 이해한다.

이 활동은

이 활동은 알버트 로봇을 [스택] 앱의 블록 코딩 또는 [NUGU] 앱의 음성 인식 기능을 활용해 사람의 목소리로 로봇을 제어하는 방법을 알아보는 활동이에요. 필요한 프로그램을 설치하고 간단한 테스트를 통해 알버트가 사람의 명령을 어떻게 인식하고, 움직이는지 살펴볼 수 있어요.

알버트 AI 놀이를 시작해요!

UO 알버트 로봇을 사용하는 경우

1 설치된 [알버트 BLE 론처] 앱에 들어가면 코딩 꾸러미 안에 [스택] 앱을 확인할 수 있습니다.

2 블록형 코딩 앱인 [스택]이 시작되는 화면입니다.

❸ 새 프로젝트를 눌러 코딩을 시작합니다.

❹ 블록형 코딩 앱인 [스택]이 실행된 화면입니다. 왼쪽 블록 모양의 코드를 순서대로 연결하여 알버트에 게 명령을 내릴 수 있습니다. UO 알버트라고 적힌 글자 옆에 있는 ▼을 누릅니다.

5 다양한 블록의 종류가 나옵니다. 그중에서 소리를 선택합니다.

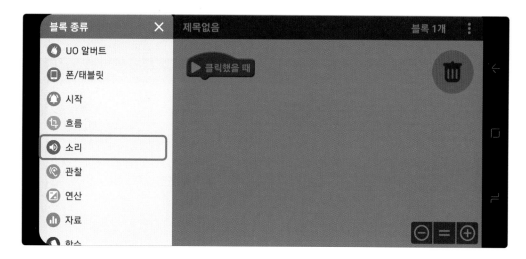

6 제일 아래에 보이는 [음성 인식 결과]와 [음성 인식하기] 블록 코드를 확인합니다.

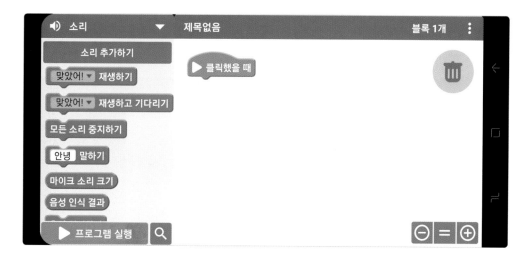

7 알버트가 음성 인식을 준비할 수 있도록 블록 코드를 연결해봅니다. [클릭했을 때] 블록 코드 아래에 [음성 인식하기] 블록 코드를 연결하고, [(안녕) 말하기] 블록 코드를 연결한 뒤 (안녕) 자리에 [음성 인식 결과] 블록 코드를 넣습니다.

8 [프로그램 실행] 버튼을 누르면 음성 인식 서비스를 제공하기 위해 오디오가 Google로 전송된다는 메시지가 나옵니다. 이제 "알버트"라고 말해봅니다. 어떤 결과가 나오는지 들어보세요.

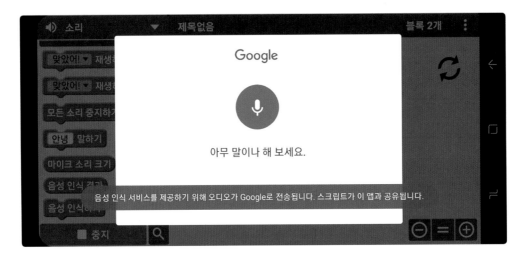

⑨ 다시 한번 [프로그램 실행] 버튼을 누르고 이번에는 "놀이 시작"이라고 말합니다. 어떤 결과가 나오는지 들어보세요. 원하는 말을 직접 해봐도 좋습니다. 이렇게 음성을 인식할 수 있는 기술로 알버트와 앞으로 어떤 놀이를 할 수 있을지 생각해봅니다.

알버트 AI로봇을 사용하는 경우

① 플레이 스토어에서 [NUGU] 앱을 검색한 후 설치하고, 바탕화면에 생성된 앱을 실행합니다.

② [NUGU] 앱의 ☰ 버튼을 누른 후 하단의 '설정' 메뉴에 들어갑니다.

③ '디바이스 설정' 메뉴에서 현재 연결되어있는 기기를 선택하여 'Wi-Fi' 메뉴를 선택합니다.

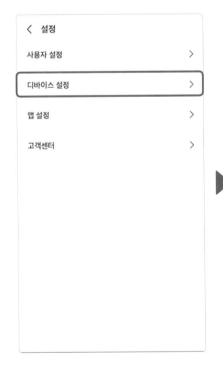

④ 화면의 안내대로 디바이스를 연결하고 변경하려는 Wi-Fi를 선택합니다.

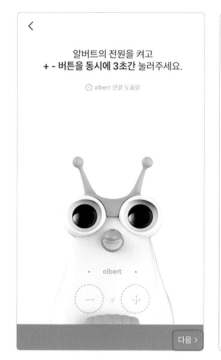  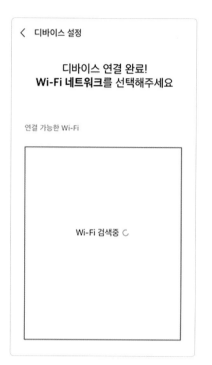

④ Wi-Fi가 연결되면 결과 화면이 나오며, [시작하기] 버튼을 눌러 서비스를 이용하실 수 있습니다.

AI 스피커가 들어간 알버트로 인공지능을 경험해요!

알버트 로봇은 스마트 기기없이 카드만으로 움직일 수도 있고, PC에 연결해 블록 명령으로 움직일 수도 있습니다. 또 스마트폰이나 스마트패드를 활용하면 음성 명령으로 움직일 수도 있지요. 그런데 이번에는 AI 스피커인 〈누구(NUGU)〉가 알버트 로봇 속으로 들어간다고 해요.

SK텔레콤은 지난 2016년 9월 처음으로 '누구(NUGU)'가 탑재된 스마트 스피커를 출시했어요. 그리고 크기를 줄인 스마트 스피커 '누구(NUGU) 미니', 스마트폰용 내비게이션에 적용한 'T맵×누구(NUGU)', 인터넷TV(IPTV) 셋톱박스에 적용한 'B tv×누구(NUGU)' 등을 잇따라 선보였지요. 그리고 이번에는 어린이용 교육용 로봇인 알버트에 누구(NUGU)를 적용한다는 거지요. 초등학교에서부터 시작된 소프트웨어 교육 의무화에 따라 코딩에 대한 관심이 높아진 상황에서, 기존에 출시된 코딩 로봇 '알버트'에 AI 스피커인 '누구(NUGU)'를 적용한 것입니다.

인공지능 시대를 살아갈 우리 친구들이 '알버트×누구(NUGU)'를 통해 코딩과 AI를 동시에 접할수 있다니 정말 신나지 않나요? 그럼 알버트와 함께 인공지능의 세계로 빠져봅시다!

우리 아이 코딩 친구
알버트 AI

albert AI [NUGU inside]

음성을 인식할 수 있어요!

8세 이상

인간의 말을 알아듣는 로봇을 본 적이 있나요? 알버트는 여러분의 말을 알아들을 수 있어요.
여러분의 목소리로 알버트를 움직여 봅시다.

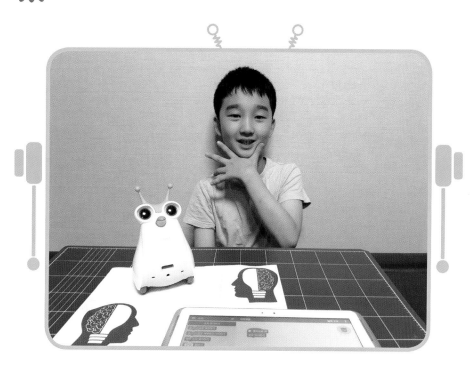

로봇과 AI 놀이를 해요!

🦉 **목표**

알버트 로봇으로 음성 인식 미션 해결하기

🦉 **준비물**

알버트 AI로봇 또는 UO 알버트 로봇,
스마트폰(스마트패드), AI 맵(부록)

🦉 **주의사항**

음성 명령을 내릴 때 발음 정확하게 하기

🦉 **연관 교육과정**

6학년실과 [6실05-06] 생활 속에서 로봇
활용 사례를 통해 작동 원리와
활용 분야를 이해한다.

이 놀이는

알버트 로봇의 음성 인식 기능을 활용해 목소리로 명령을 내려 알버트를 움직여 보는 놀이 활동이에요. 인공지능 음성 로봇 시대를 살아가는 우리 아이들이 간단한 낱말을 인식하고, 이를 처리하여 움직이는 알버트 AI 놀이를 통해 인공지능 로봇에 대해 경험할 수 있어요.

UO 알버트 로봇을 사용하는 경우

❶ UO 알버트 로봇, 스마트폰(스마트패드), 인공지능 맵(부록)을 준비합니다.

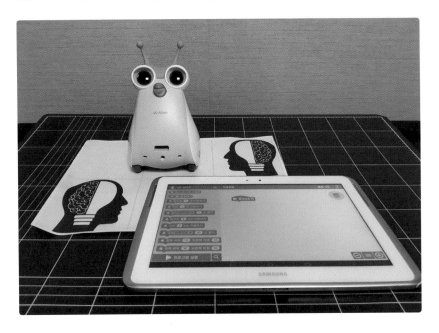

❷ 인공지능 맵을 오려 미션을 해결할 준비를 합니다.

❸ 음성 명령을 인식하기 위해 [스택] 앱에서 필요한 블록 코드는 무엇인지 살펴봅니다.

❹ 알버트가 음성 인식을 준비할 수 있도록 블록 코드를 연결해봅니다. [클릭했을 때] 블록 코드 아래에
[음성 인식하기] 블록 코드를 연결해줍니다.

⑤ 알버트가 특정한 말을 알아들을 수 있도록 블록 코드를 연결해봅니다. [만약 (참)이라면] 블록 코드를 가져와 연결하고, (참) 속에 〈(왼) == (오)〉를 넣습니다. 왼쪽에는 [음성 인식 결과] 블록 코드를 넣고 오른쪽에는 인식시켜 줄 음성을 무엇으로 할지 적어주면 됩니다.

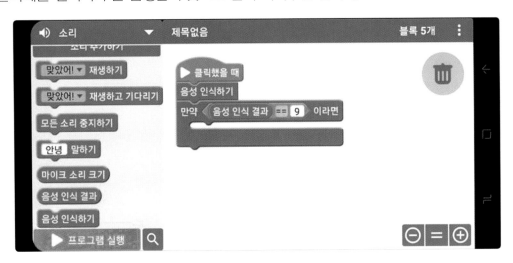

⑥ 〈앞으로〉라는 음성을 인식했을 때 앞으로 나아가도록 "앞으로"라고 적고 [확인] 버튼을 누릅니다.

⑦ [앞으로 1초 이동하기] 블록 코드를 [만약 (음성 인식 결과) == (앞으로)이라면] 블록 코드 속으로 넣어줍니다. "앞으로"라는 음성 명령을 인식하면 앞으로 움직이는 블록 코드를 완성하였습니다.

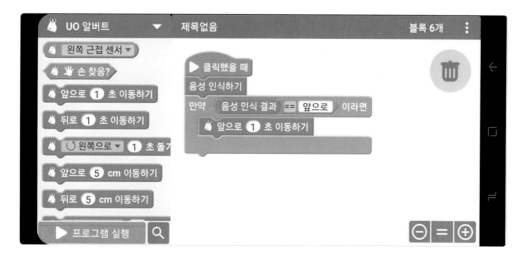

⑧ 마찬가지로 〈뒤로〉라는 음성 명령을 인식하면 뒤로 움직이도록 그림과 같이 블록 코드를 완성합니다.

⑨ [프로그램 실행] 버튼을 누른 후 "앞으로" 또는 "뒤로"라고 말해봅니다. 그리고 알버트가 음성을 인식하여 움직이는지 확인해보세요.

알버트 AI로봇을 사용하는 경우

❶ [누구] 앱을 실행한 뒤 알버트 AI와 연결해요.

② "알버트"라고 말하면 눈 색깔이 파란색으로 변하면서 명령을 들을 준비가 되었어요.

③ "앞으로 가" 또는 "뒤로 가"라고 말하면 알버트가 움직여요.

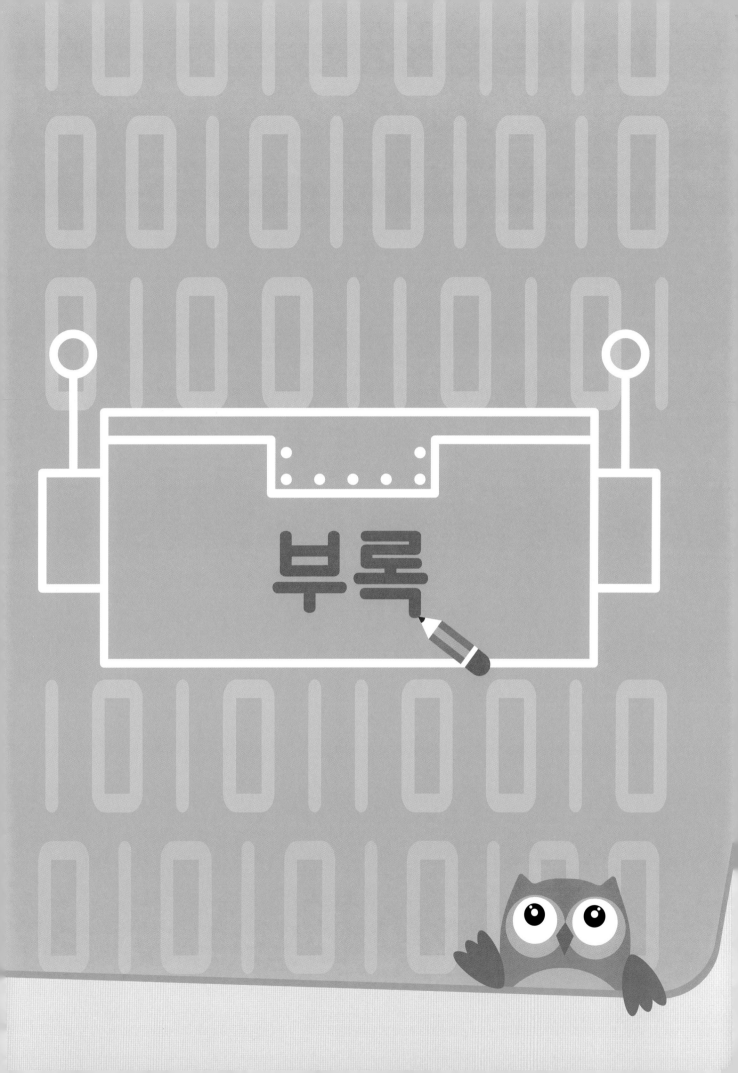

부록

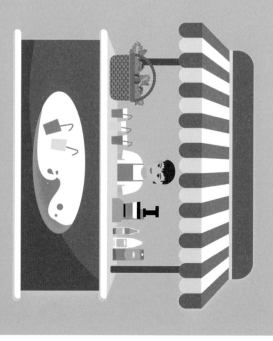

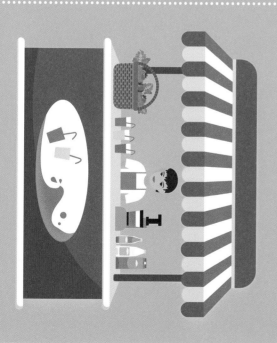

테이프 붙이는 곳

테이프 붙이는 곳

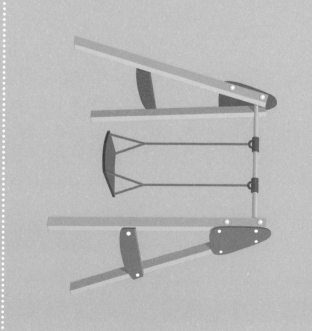

테이프 붙이는 곳

테이프 붙이는 곳

테이프 붙이는 곳

테이프 붙이는 곳

테이프 붙이는 곳

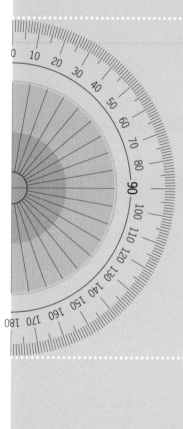

0 10 20 30 40 50 60 70 80 **90** 100 110 120 130 140 150 160 170 180

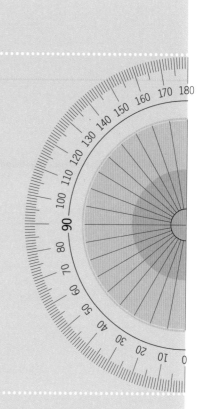

테이프 붙이는 곳

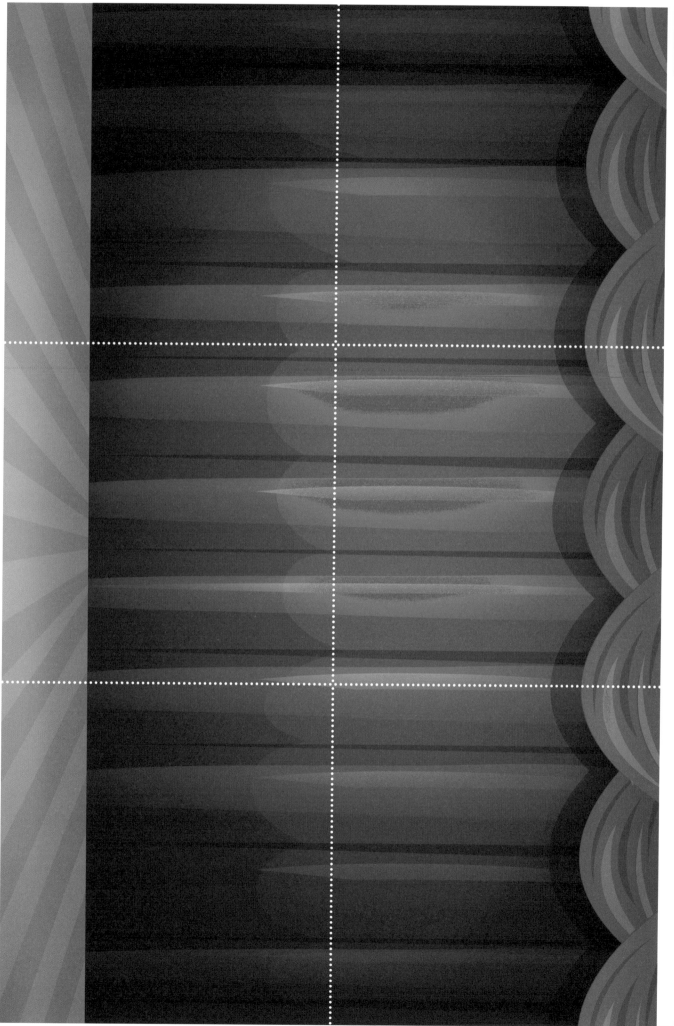

2

1

테이프 붙이는 곳

붙임 자료

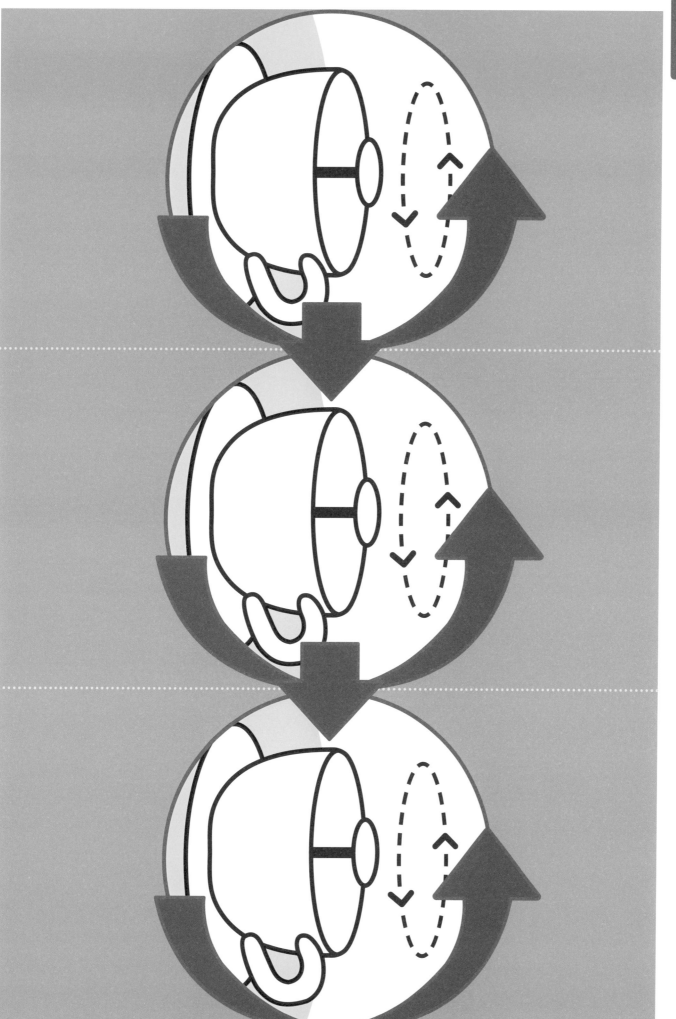

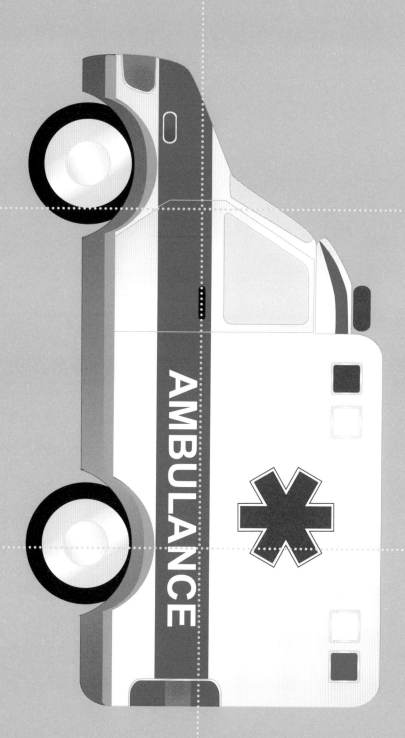